教學實踐研究的寫作與知能

劉世雄　著

五南圖書出版公司 印行

作者序

　　我在 2017 年出版《教學實務研究與教研論文寫作》，那本書的出版是基於一個理念，亦即我一二十年來走訪全國大學與中小學之後，發現絕大多數教師願意為教育奉獻，也願意為學生學習努力，但是在其遭遇學生學習問題而提出因應教學策略時，教學實務知識略有不足，或因應學習問題提出的教學策略過於表面作為，未能深入探討學生的學習認知歷程，有時候多花了心力，成效卻不對等。再者，我期待教師能夠彰顯教學專業，提升社會對教學專業的肯定，但社會大眾要了解教師教學的脈絡，教師需要具有教育學理基礎地論述其作為與成效。因此，我著書期許教師可以從學理基礎建立自己的教學方案，透過實踐與省思，提煉自己的教學實務知識，並且透過教研論文寫作，廣為流傳，彰顯自己的教學專業。

　　當年，教育部提出教學實踐研究計畫之經費補助方案，意圖提升大學課堂的教學品質，不過，根據我的觀察，非教育學背景的大學教師不太清楚教學實踐研究與教育科學研究的差異，對研究教學或教學上的研究之理解仍未有確定的方向，我的書籍提到教師可以將平時教學理念與實踐的歷程，包含「建立教學理念與目標設計、開展教學活動與理論解析、實踐教學活動與資料蒐集、統整教學實務與成效分析、省思教學理念與價值建構」，依序對照著「研究背景、文獻探討、研究方法與設計、研究結果與討論、研究發現與省思」思考。想不到，這本書啟發了一些大學教師對教學實踐研究的想法。我也因此改版，《教學實務研究與

教研論文寫作》第二版，增加大學課堂的教學和教學實務研究的原理，特別開闢章節說明大學教師在申請教學實踐研究可以參考的方向。

　　然而，這三、四年來，我走訪全國近五十所大專院校，曾與上百位非教育背景的大學教師對談，我發現大學教師在申請教學實踐研究計畫時，大都知道該研究計畫是屬於大學課堂的教與學，也知覺申請計畫與實踐計畫對其改善學生學習和自己的學術專業有相當大的助益，卻經常在寫作上躊躇不前；有些教師則是歡喜寫作與繳交計畫，盼望著審查者的友善回應，能進入教學實踐研究的領域，卻期待落空；更有些教師雖然獲得計畫通過，卻在研究結果轉換成教研論文和進一步投稿期刊時，忽略教研論文的審查重點而被拒絕。上述教師就在自我鼓勵與不斷挫折下，逐漸失去信心。再加上，教學實踐研究計畫經過數年已經逐漸成熟，開始走向類似國際高等教育開展的「Scholarship of Teaching and Learning」，該計畫申請開始對研究內容有些創新知識和解決問題的期待，論文審查也逐漸要求嚴謹的論述。因此，我重寫此書，以「大學教師申請教學實踐研究計畫」為核心理念，分享我多年來研究計畫申請與論文寫作的經驗，並附上兩篇我發表的教學實踐研究論文，對照參考；我也考慮到多數非教育學背景的大學教師在面對研究計畫主題發想、設計教學方案與研究工具，以及資料分析與提出研究發現時所產生的困惑，以幾乎一半的篇幅指出撰寫教學實踐研究和教研論文時應具備的核心知能。之後再寫出一章投稿與審查重點，增強教師的寫作與投稿的信心。

　　這本《教學實踐研究的寫作與知能》與先前《教學實務研究與教研論文寫作》第一、二版書籍的不同在於：

1. 前書提供「教學歷程」轉化為「教學研究歷程」的思考模式，強調理念與實踐。

2. 此書直接「以教研論文章節」提列「教學實踐研究」的書寫內容，強調寫作方法。

3. 此書再因應大學教師在發想主題、設計教學方案與研究工具，以及資料分析與建立研究發現時的困惑，寫成研究核心知能，分享我的寫作與審查經驗。

　　這本《教學實踐研究的寫作與知能》應屬於研究方法與寫作的工具書，先前《教學實務研究與教研論文寫作》之多數內容屬於理念知識的提取，亦即教師若能先參閱先前的書籍，或對教學實踐研究已經具有經驗，再閱讀此書應會有更充分的知覺。

　　寫一本書很快，但醞釀其內容則至少需要一兩年。感謝這幾年來願意把困難講給我聽的大學教師們，他們的一句話可能就被我改寫成書上提及的一部分技巧。期待這本書的出版，能對大學教師經營課堂的教與學有幫助，也期待大學教師能藉此彰顯自己的教學專業，提升自己的學術專業地位。

　　此書既是我的觀點與經驗分享，就會受限於我的思維，在內容的陳述上一定會有思考未周延之處，尚祈各界不吝指正是幸。

劉世雄

國立彰化師範大學師資培育中心

2022 年 5 月 27 日於研究室

導讀
大學教師爲何進行教學實踐研究

　　大學教師經常被稱為學者，因為他們擔任起學術發展的責任，所提出的觀點往往可以引領國家政策、科技發展和人們對社會某個議題的關注。不過，社會大部分的人對於大學教師的學術工作可能有些誤解，認為學術工作即是研究工作，亦即大學教師需要經常從事研究設計與資料蒐集，並在資料分析後提出研究成果，以彰顯自己的學術專業，而最終也是以研究計畫和發表論文的質與量來判斷一個大學教師的績效。如此思維似乎忽略大學教師，也是一個教育工作者的角色。

　　Ernest L. Boyer 在 1990 年發表 *Scholarship reconsidered: The priorities of the professoriate* 一書，提及大學自己充滿著矛盾，矛盾來自於大學教師追求研究的價值，忽略了教學工作，卻又招收學生，而在獎勵大學教師上，也多以研究發表較多的教授為先。

　　不過，這並不表示大學教師應該放棄研究工作。Boyer 對大學教師的學術工作重新提出見解，他認為學術工作是以研究為起頭，先進行一個主題知識的探究，再去尋求該知識的情境連結，以便在理論與實務中建立橋梁，並且將這些主題知識有效地傳遞給大學生。簡單來說，大學教師應該把自己研究而產出的知識成果，先以情境因素進行詮釋（任何知識成果在不同的情境會有不同的意義），並轉化為可於實務應用的內容（知識若不能進一步被應用將毫無價值），再透過大學課堂的課程與教學設計，將知

識成果傳遞給大學生，以延續人類的智慧。

　　從 Boyer 的觀點而言，大學教師既要進行研究，也要懂得教學，大學老師是一個能將探討的知識經由連結轉化再有效傳達給大學生的人。如此的解釋，兼顧了研究與教學工作。也可以說，大學教師把主題探究的成果轉化成課程與教學的內容，在於課堂中指導學生學習，再透過學生的學習表現回饋到主題知識的實務性建構。Boyer 在大學教師學術工作上的觀點引導了當前高等教育興起的「Scholarship of teaching and learning」，以及國內這幾年發展之教學實踐研究理念的開展。

大學教師自我提煉教學實務知識

　　大學教師應從事學術工作，而學術工作包含研究、課程、教學與評量設計等內容。而且，這四個面向具有關聯性，也可以前後對照，可以簡單地說「研究什麼，就教什麼；教什麼，就研究什麼」，只是大學教師需要知道的是「該怎麼教，該怎麼用研究讓教學更好。」

　　以研究而言，大學教師已經具備研究設計的基礎訓練，有些是在實驗室、有些在田野間，最終結果被期待產生創新的知識成果，以貢獻學術領域或引領社會發展。然而，將研究結果轉化為課程內容、教學活動與評量設計，得要大學教師具備教學相關實務知識。教學實務知識是透過教學理論轉化，並且透過實踐省思及經驗內化，逐漸自我建構。包含如何選擇與組織課程內容？如何設計與安排教學活動？如何發展與設計評量工具？如何檢視學生的學習成效？一開始教師可以藉由課程與教學理論思考，發展可以在課堂中實踐的課程內容、教學活動、評量工具，在蒐集與分析學生學習成效後，檢視與省思自己的教學實務知識。

　　舉例來說，一位大學老師可能在課堂中讓學生分組合作學習，並完成小組合作任務；不過，他發現有些學生在小組內貢獻非常少，往往僅是少數小組成員承擔整體合作任務。因此，他在省思與重新檢視文獻後，發展了一種「合分合」的合作學習之教學模式，亦即先要求學生「合作」地討論任務方向與細節，再「分工」每個人要做的事情，之後再「合作」地整合與相互調整，讓其任務具有整體的意義；而教師在分數上也以「80+8、78+8、72+8」方式呈現，前者是個人「分工」的表現分數，後者是整體任務中「合作」的表現分數。之後，這位教師將發展的「合分合」之合作學習模式實際運用在其教學中，發現學生的合作學習已經不像以前那樣有人「搭便車」或者是「躺分」的現象，也就是說這位教師自己發展的教學模式，透過教學實踐研究與分析，已經具有教學成效。

　　以整個歷程來說，教師或許可以思考某個發生在自己教學現場的困難，初步發現可能的原因後，探討文獻與理論，產出教學理念與方案，並轉化為新教學模式，再透過教學實踐與資料分析，若發現學習困難已經改善，學生也具有學習成效，便可確認新教學模式的可行性。如此思維與作為，我們可以說，教師透過教學實踐研究提煉了自己的教學實務知識。研究工作關注貢獻學術領域或引領社會發展，而教學研究工作精進了教學品質及提升學習成效，而產出的新教學實務知識也可透過分享，貢獻高等教育課程與教學領域上的知識理念和實踐思維。

高等教育師資培育的自我體現

　　以課程而言，大學教師需要熟悉自己任教的學科知能，藉由自己在學術知識的探究、他人的研究或參與學術社群所獲得的知

能，轉化為教材內容。教材內容內的課程要素還需要具有結構性或脈絡性，再設計為一學期十六週或十八週的課程進度，以及所內含關鍵知能的學習目標。

以教學而言，大學教師需要熟悉不同教材可以運用的教學方法，教學方法源自於學習理論。在學習理論中，訊息處理原則指引大部分的教學活動設計，藉由學習理論的指引，不斷研究與省思，逐漸提升學生學習品質與成效。

以評量而言，大學教師需要知道學生學習過程與學習成果的檢測方法，多數學習評量來自於教學目標的指引，藉由教學目標設計評量工具，在適當時機蒐集學生的學習表現資料；另外，大學教師也可以發展研究工具，研究工具與學生成績無關，主要目的在於察覺學生的學習心理變化，進而與評量工具所蒐集來的學生學習表現資料，共同作為省思課程與教學設計之重要來源。

不過，大學教師對於「課程」、「教學」和「評量」可能不夠熟悉。以臺灣當前的教育體制而言，要成為中小學校和幼兒園的正式教師需要接受師資培育訓練。師資培育的名額由教育部統籌控管，要培育中小學師資的大學需要提出申請，通過後依照師資培育相關法規辦理。修畢師資培育課程的學生，需要先通過教師資格考試，再申請實習；實習成績及格後，方可取得教師證，參與各地方政府主辦或個別學校招考的教師甄選，獲得聘書後，就可以成為一個合格的學校正式教師。成為正式教師後，其教學專業還僅是基礎，需要透過不斷地參與專業成長或研習活動，獲得更多、更新與更豐富的教學專業知識；也需要參與教師社群，相互觀摩與成長。還有其他許多專業成長管道，均可以促進教師在某個學科領域或教學上的專業成長。

然而，大學教師的聘任就沒有要求需要經歷上述的歷程，申請大學教職的人也不需要具備上述的條件。除非是中小學教師

轉任到大學任教，否則大學教師在獲得大學聘書前不會經歷如同前述的師資培育過程，直接來說，大學教師沒有「課程設計」、「教學方法」和「評量設計」的教育基礎知識，卻需要開設課程、進行教學，以及評量學生表現。

　　過去數十年，社會各界幾乎很少在乎大學教師的教學專業能力，因為早期社會不如當前複雜，所需要的知能也大都只在知識的儲備和特定能力的培養上，那些知能只需要透過感官訓練即可。然而，當前社會與科技發展相當快速，傳統知能的學習不足以應付多元社會的挑戰，大學生未來會遭遇的問題多數現在尚未發生，大學生不僅需要具備學科領域專業知能，也要有隨時調整自己或自主學習的能力，以面對未來生活與社會的挑戰；加上當前人們對生活、醫療和社會發展需求的要求，傳統的大學課堂與其學習型態似乎亟需要改變，而大學教育的師資更需要在教學能力上專業成長，以便培養大學生面對複雜社會所需要的高層次能力與素養。

　　從另外一方面來說，多數大學教師沒有接受過如同中小學校教師一樣的課程與教學之訓練，在教學時便可能以早期自己是學生的經驗或是觀察其他教師的教法進行類似的課程與教學設計。雖然大學生的心智發展比中小學生成熟，一些大學生也知道課業對自己生涯的重要性，但因大學課堂的學習不一定會像中小學教師那樣有較為嚴謹的學習流程（如教材結構分析、教學方法和作業任務的對應），部分大學生可以自己察覺對自己學習有助益的方法，而另外一部分學生可能在失敗中逐漸放棄學習。

　　大學教師需要接受師資培育訓練，但高等教育的師資培育可以不需要像培育中小學教師那樣，設定師資培育年限、課程學分數和證照考試。原因是高等教育的目的相當多元且不同於國民教育，課程內容也不像國民教育有既定的課綱或教材，況且高等

教育的領域之差異，遠大於國民教育的基礎學科差異；另外，高等教育的大學生之心理、生理也不同於中小學生的心智發展。因此，除了教育部可以委託相關教育機構、師範教育大學或各大學的教學中心開設一些教育學分課程，提供較少教學經驗的大學教師學習外，以研究方法提煉自己的教學實務知識，是一種可行且可能更具有創新價值之高等教育師資培育的理念。

本書各章介紹

　　本書分為兩個部分，外加一章校稿前須知與兩篇附錄論文。第一部分是引導大學教師撰寫教學實踐研究計畫或教研論文時各章節應該書寫的內容，第二部分是充實大學教師在教學實踐研究撰寫與實踐上的核心知能，而「校稿前須知」是以第九章「寫一篇可被接受的教研論文」說明寫作重點；本書再以兩篇作者已發表的教學實踐研究論文為附錄，提供大學教師或讀者們進行論文寫作時可關注的重點與實例參考。

　　第一部分是由第一章至第四章組成，構成教學實踐研究論文的各章節之寫作思考與指引。

　　第一章標題是「研究起點」，是基於教學實踐研究的原點與定義，引導大學教師仔細察覺教育現場遭遇的問題，以及所教導學生在學習上產生的困難，也鼓勵大學教師可以從社會愈趨複雜導致生活與職業素養逐漸成為需求的現象思考，發想教學實踐研究的教學方案與其想要探討的學習效應。

　　第二章標題是「文獻探討」，指出教學方案與學習效應的文獻探討之內容與寫作方法，並且引導教師將教學方案與學習效應建立連結，讓自己的教學實踐研究探討該學習效應之連結具有合理性。

　　第三章標題是「研究方法與設計」，提醒教師這部分的撰寫需要包含教學研究架構（課程內容與教學目標、教學方法、教學評量）、研究情境與相關資訊（教學研究場域、研究對象、相關設備與資料）、研究工具與資料分析（關於學習成效之評量工具設計與分析、關於學生心理知覺的研究工具設計與分析）等重要內容。

　　第四章標題是「研究討論與結論」，是關於研究討論與結論的書寫。教師在研究討論與結論的內容書寫應該具有嚴謹的邏輯與系統性，包含從資料分析的結果去解釋實際發生的現象，藉由學理基礎或文獻觀點的討論去解釋此現象發生的因果關係，再與原有的教學實務知識對照，進行比較與自我省思，提出自己可以調整與建構的教學實務知識。

　　第二部分是以核心知能進行編輯，第五章至第八章分別提列各一個重點知能，這些知能是根據本書作者與大學教師互動後，發現部分大學教師在早期求學時欠缺這些知能的學習，導致撰寫教學實踐研究計畫與實踐時缺乏指引，甚至失去信心。此部分分為四個章節，並提出一些研究與教學上的重要內容，協助大學教師充實教學實踐研究的核心知能。

　　第五章標題是「創新理念與知識建構」，先指出當前通過審查的教學實踐研究計畫大略可以發現創新理念是一個顯著的特徵，有些是因應學生學習困境所發展的教學法、有些是具有創意思維進而開展的新教學模式，另有些是運用彈性且多元的評量，讓教師和學生自我察覺學習結果，進而調整教與學的方法，使得學生學習更有成效。此章說明創新表現的認知歷程，並藉此提出創新發展與建構教學實務知識的參考作法，除了符合大學教師是知識產出的人之價值外，也鼓勵教師彰顯自己的學術專業，以及具備學術升等的專業價值。

　　第六章標題是「文獻探討與教學知能」，提及文獻探討的技術，部分非教育學或社會科學背景的大學教師可能未具有深度探討文獻的經驗，因此，此章從關鍵字的提列和文獻檢索方法開始說明，並引導教師閱讀與組織文獻要點；其次，教學方案的學理基礎及常用的教學方法之文獻，可以讓教師充分地察覺各種教學方法與學生學習認知歷程的關係，進而建立符合學生認知歷程的教學流程；之後，教師再思考教材內容的難易，並搭配不同的教學方法與考慮學生的學習經驗，就可以建構一學期的教學大綱。

　　第七章標題是「研究方法與研究工具」，教學實踐研究常用的研究方法包含質性研究法，含括觀察、訪談等，部分量化研究也經常被使用，例如：準實驗設計、問卷，也有一些研究融合多種研究方法，稱為混合方法研究（mixed methods research）；若想要深入了解某個特定個案，其所有相關人、事、物等現象和廣泛的要素，則採用個案研究法。另外，若考慮到方案在實踐過程中的行動、省思與再行動，即是一種行動研究。此章除了提及上述研究方法或技術的核心理念，也提及常用研究工具的發展與設計，包含個別訪談與焦點團體訪談大綱、觀察紀錄、作業任務等，也說明量化研究工具的設計與使用，包含問卷、學習成效測驗，以及質性轉量化的設計等。

　　第八章則是「研究資料的分析方法」，在以第七章的研究工具實際進行資料蒐集後，此章說明資料分析的要點。首先介紹質性資料分析方法，主題分析法是常用的技術；量化資料的分析部分則包含百分比、差異性檢定等統計方法的介紹。不過，教學實踐研究也常用質性資料轉化為量化資料的分析方法，本章再說明內容分析法，它是一種將類似文字資料進行歸類，再計算次數，並且可以進行統計分析，進而了解所歸類概念的關聯之分析技術。最後整理成一個表格（見表8.3），呈現研究目的與其可採

用的分析方法之對照表，提供給教師與讀者參考採用。

　　本書在提出前兩部分的內容之後，特別寫出第九章，標題是「寫一篇可被接受的教研論文」，目的是提供教師撰寫教學研究論文與投稿前，能自我檢視一篇教研論文應有的結構要素，特別是邏輯推理的重要性；另外，根據本書作者在教學實踐研究論文的審查經驗提供審查重點，大學教師可以在校稿前先行對照比較自己的論文；最後本章提出五個不要犯的錯誤，無論是刻意或是疏忽，如果不注意這些錯誤，大學教師所寫的教研論文不僅被拒絕審查，也會影響自己的學術聲譽。

　　本書有兩篇附錄，均是本書作者發表的教學實踐研究論文，第一篇是「以同步視訊融入專題導向學習探討師資生跨領域教學方案的實作能力之研究」（劉世雄，2022a），發表於《教學實踐與創新》期刊，此論文的研究計畫同時獲得教育部109年度教學實踐研究績優計畫；第二篇是「提升師資生批判思考能力的師培課程設計之研究」（劉世雄，2022b），發表於《師資培育與教師專業發展期刊》。作者對於這兩篇論文在期刊出版時未簽屬專屬授權，仍保有著書出版的著作權。另外，書內會再提及另一篇作者發表的文章，呈現內容分析法的使用實例（Liu, 2021），題目是「Online mentoring of teacher education students by experienced recent graduates by using synchronous videoconferencing」，刊登在 *Innovations in Education and Teaching International* 具有SSCI索引的期刊，此篇文章請讀者到各大資料庫進行查閱，本書未收錄。另外，本書在各章節說明時，會引用上述文章的內容，將理念與實例連結起來，提供教師更清楚地察覺相關作法。

　　本書作者在先前出版的《教學實務研究與教研論文寫作》第二版（劉世雄，2018）書中，指出教學實踐研究與一般教育科

學研究略有不同，前者多屬於課堂研究，關注課堂的教與學，主軸在於提升教師的教學專業與教學品質；後者是在教育領域運用科學研究的方法去發現教育相關的現象，目的在於求知理解與貢獻學術價值。以當前大學教師向教育部提出申請經費補助的教學實踐研究而言，是大學教師研究自己在大學課堂的教與學，研究情境受限於教師自己的教學場域和學生，沒有抽樣，也無需推論到廣泛的教育領域。簡單來說，是「研究」自己的「教學」，因應教學問題或學習需求發展教學方案，以及探討學習效應，提煉自己的教學實務知識。

　　不過，教學實踐研究與教育科學研究也非完全不同，大學教師在進行課堂的教與學之研究時，也需要運用科學研究的方法，以及資料蒐集與分析的技術，回應自己的教學理念與方案。因此，各種質性與量化的研究方法和技術，都可以根據研究目的之需求採用，而具有效度與信度的教學方案與研究工具，以及資料分析與論文撰寫的嚴謹度，也是被檢視的重點。讀者可以從本書各章節與附錄文章中逐漸發現教學實踐研究的特色，以及和一般教育科學研究之相同與不同之處。

參考文獻

劉世雄（2018）。**教學實務研究與教研論文寫作（第二版）**。臺北：五南圖書出版股份有限公司。

劉世雄（2022a）。以同步視訊融入專題導向學習探討師資生跨領域教學方案的實作能力之研究。**教學實踐與創新**，5（1），1-36。

劉世雄（2022b）。提升師資生批判思考能力的師培課程設計之研究。**師資培育與教師專業發展期刊**。15（1），29-56。

Boyer, E. (1990). *Scholarship reconsidered: The priorities of the professoriate.* Princeton, NJ: Jossey-Bass.

Liu, S.-H. (2021). Online mentoring of teacher education students by experienced recent graduates by using synchronous videoconferencing. *Innovations in Education and Teaching International.* DOI: 10.1080/14703297.2021.2003220

目 錄

第一部分
教學實踐研究計畫與論文的寫作

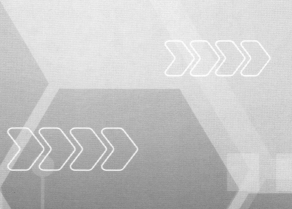

第一章

研究起點

　　想要申請但未有撰寫研究計畫經驗的教師，在看過其他教師成功通過審查的研究計畫時，可能會喚起自己大腦裡的教學記憶，但在下筆時，又覺得不知從何寫起，這可能是教師缺乏教學脈絡與結構的知識。然而，已經撰寫但未能通過計畫審查的教師，可能認為自己選擇的研究主題符合教學相關的議題，卻不受審查者的青睞。原因很多，也可能涉及許多邏輯推理的問題，但若一開始的描述缺乏一個讓審查者有著「啊！對，學生就是這樣」的知覺，後續的內容就更難引起共鳴或認同。

　　再者，由於大學教師是個學術工作者，也是知識產出的人，如果研究主題僅是在改變一個微小或僅是自己教學疏忽的學習問題，抑或是多數人已經知道的教學原則，那就不需要給幾十萬的研究經費進行探究。另外，有些大學教師選擇的研究主題相當創新，卻沒有充分論述其在教育現場有何創新的意義，便以為只要是新的、有別於以往的教學法，就應該可以當作研究主題。

　　基於大學教師是個知識產出的人之理念，教師們可以思考自己多年來難以解決學生哪些學習困難，進而發展可以進行的教學模式；或者廣泛察覺社會與科技的發展，以及思考學生需要具備什麼樣的素養後，進一步地發想可以實踐且具有創新意義的課程與教學內容。如此起點，才符合知識產出的意義，也才能開啟大學教師自我提煉教學實務知識的探究歷程。

　　換句話說，教師可以從解決教學現場遭遇的學習問題和因應社會改變需求而需要培養大學生能力等兩個面向思考。之後，提及可行的「方案」與想要改變學生什麼或探討學生可以獲得什麼（可以稱為「效應」），有了「方案」和「效應」，兩者連結起來就幾乎是研究題目。雖然在此章節的撰寫中，還不需要進行「方案」和「效應」的文獻探討，不過，本書建議可以引用一兩筆文獻資料，讓自己的理念具有合理性一些。

第一節　教學現場遭遇的困境

　　每一位大學教師在進行教學時都會察覺到學生學習上的問題，但任何學生學習問題都可能與教師教學有直接或間接的關係，畢竟「教學」僅有教師或學生一方是無法成立的。

從學生學習表現思考

　　當大學教師在課堂中上課並看著學生學習時，是否確認學生正投入心力思考著教材內容，還是人在心不在？從學生的表情與反應中，是否知道學生已經學到某些知能？是否可以記憶保留所理解的內容？大學教師可以透過問答、隨堂測驗，以及其他回應方式，立即知道學生的學習狀況。不過，當教師察覺學生不想投入學習、聆聽後仍然不懂或產生誤解，或當教師下一次上課時提問先前所教過的內容，知覺學生對先前已經教過的學習內容相當陌生的表情時，教師得要想一想，是什麼樣的因素產生這種結果。而若大部分學生都是如此時，教師可得要告訴自己——「得要改變才行」。

　　少數大學教師告訴我，他的學生上課一直很專注地滑手

機，即使教師嘗試改變教學活動，那些學生大都只是抬頭看一下，又繼續低頭看他們的手機。我與這些大學教師討論了十幾分鐘，發覺他們確實想要改變，卻無法達到目的，也逐漸失去信心，更少數的教師會自我安慰地說：學生只是想要獲得及格分數，有個學歷罷了。

我無法在短時間內提出可行的建議，但認為這些大學生對自己缺乏信心，也對大學教師的教學缺乏信心。然而，這種對自己和對教師缺乏信心是「結果」，需要去了解「原因」，是課程太難？是缺乏理解新知識的先備知識？是挫折太久而失去學習動機？還是對學習這件事早已形塑了消極的態度、習慣或價值觀？

另外，也有些大學教師分享他們在教學上關於學生學習互動的故事。最常見的是要求學生討論時，就是有人不發言或僅用幾個單字回應；教師們也經常收到學生的投訴，提到學生在合作學習時，部分同學參與度不佳，或在小組成員討論時發生口語衝突現象，而產生僅做自己的作業互不交流的學習表現。如果大學教師在教學過程中一直感受到明顯的問題，或是發現大學生與他人討論合作經常出現消極與衝突的現象，這些就是關於學生學習表現的教學困境，可以成為教師開展教學實踐研究的起點思維。

從學生學習成果思考

大學教師亦可從學生的學習成果思考教學實踐研究的起點。學習成果是指學生在參與教師安排與指定的學習活動後，學習結果不符合教師的期待，特別是當教師批閱學生的測驗試卷、期末作業報告，或者是聆聽學生上臺發表或觀看學生表現任務時，心裡很納悶地認為：這些不是上課就講過了嗎？我不是說不可以這樣嗎？這群學生是來混的嗎？更甚的是，這些大學教師告

訴我，這群學生在教務系統評比他的教學時，竟然提及「老師不會教……、老師不應該教這些……、老師教太難……」等。

　　我相信每一位大學教師在設計一學期的課程內容、進度和學生表現作業時，會思考學生可以學會的內容與知能，即使開相同的課程，也會思考先前學生上課的表現，對課程內容與教學活動進行微調。當聽到、看到學生對教師的負向回應，多少會有一些挫折，之後可能歸因於學生對此課程的不理解、對教學活動的誤解，或是學生自己不努力導致如此。

　　大學教師還是得靜下心來想想，教學是讓學生學會、學懂，還是只要有學習就好？這兩者雖然有些關聯，但孰重孰輕？理想上，學生學習達不到教師的期待，除了先前提及的動機與態度外，對課程內容的理解程度是一個重要的原因。大學教師務必知道學習理解是發生在學生新舊知識的對照比較上，如果學生缺乏理解新知識的舊知識，當然就無法充分地學會大學教師設計的教材內容。

　　另外，有部分教師可能誤解有設計教學活動（例如：討論、小組合作學習）或學生有參與教學活動就是教學目的。大學教師需要知道的是：教學活動的目的是為了促進學生的學習理解與進階的學習表現，課程內容或轉化後的教材內容與知能（學生要學會的能力也是一種教材內容）才是教師教學與學生學習的重點。再者，學習理解是有階層的、是逐步進階開展的。因此，課程內容的結構設計會比教學活動更重要些。大學教師可以從學生不佳的學習成果與表現，思考自己在課程內容與教學活動設計上是否過於跳躍？若是如此，教師得以課程內容的重新結構為教學實踐研究的起點，再搭配教學活動的設計，形成一個具體的教學方案，而學生的學習成效或學習表現即是這個教學方案實踐後的結果，也是先前提及的教學實踐研究計畫的效應。

第二節　因應社會改變的需求

　　教學實踐研究不僅改善學生的學習困境與問題，也可以產出創新的教學理念與教學模式。雖然解決問題與創新理念有時候可以同時存在，但本書為了讓讀者有創新理念的發想，此一節會從社會環境變遷提及教師應該改變的教育作為。

察覺社會改變對未來生活的影響

　　沒有人會反對或質疑社會已經改變許多，早已不像十幾年前那樣。會提到「十幾年前」這個詞，是要提醒大學教師不要以自己「十幾年前」（甚至更久）在大學求學時的態度看待現在的大學生，科技與生藥技術的發展，跨國聯盟的浮現與再建構，正逐漸改變高等教育的思維，大學教師也應該體察社會改變的事實，在教育作為上思考可行的方針。

　　教師要了解社會改變的細節，得要廣泛的閱讀，也建議大學教師跳脫自己的研究與教學領域，閱讀其他關於醫藥衛生、經濟、科技等相關的文章，醫藥衛生涉及人的生理健康、經濟和科技與人類生活品質相關，從這些面向內容進行思考，可以設計培養大學生面對自己未來生活與職業生涯的挑戰之教學方案。

　　有些教師認為自己教導的學科就是傳統學科，例如：文學、哲學、三角函數……，這些看起來就是人類文化的智慧遺產，與社會改變無關，即使社會改變，那些內容都還是那樣子的呈現。教師會有這樣的想法，是從學科內容往未來生活方向思考，教師需要知道的是人類文化智慧也是經過無數年的淬鍊，而其淬鍊的時機一定涉及人類生活的需求。建議教師反過來想，未來生活的樣貌可能讓學生產生有別於現代的生活需求，而為了滿足學生在

未來生活的需求，課程內容需要調整或教學活動需要再提煉。

　　舉例來說，一篇文學作品「燭之武退秦師」提到許多談判技巧，包含「說之以理、誘之以利、激之以宿怨、惕之以後患、動之以情」等五大技巧，這些談判技巧正符合學生未來購屋或買車時，不至於讓自己陷於談判困境中的方法。以此為例，大學教師可以將文學相關課程，融入當前或未來生活情境，發展成「文化沉浸式的文學課程」。

　　再舉一例，社會愈來愈複雜，人類生活中幾乎沒有一個事件是僅用單一學科領域知識得以面對與解決，需要多面向的思考。即使大學教育可以培養學生改善社會問題的能力，大多數問題也涉及到許多學科知識，因此，跨領域課程與跨領域學習的設計是符合學生未來生活所需。特別是跨領域學習活動的設計，大學教師可以思考與自己所教授課程相關之社會某個現象或核心問題，並進一步提及涉及的學科核心知識，可能也包含非原有課程內含的知識（只要學生自主學習可理解便可），再進行基礎知識學習後，設計類似原有社會問題的統合性任務，培養學生面對事件與問題時能多面向思考的能力。

●察覺社會改變對未來職業的影響

　　大學教育是多數學生接受教育的最後駐點，離開學校後開始找工作、應徵面試與啟動社會新鮮人的生涯，開啟了不一樣的人生。而多數的學生、家長，甚至是大學自己也將學生未來就業情形當作是學校績效的重要指標，除了原有學校名氣吸引企業的注意與人才選用因素外，職業素養是大學生啟動職業生涯的關鍵要素。

　　早期學校教育的作法是，在特定的情境下訓練學生工作能

力，只要學生願意練習，教師指導技巧，通常學生在離開學校前會具有基礎的工作能力。不過，這一、二十年來，部分企業回饋大學教育的是「學校教育教不出企業所需要的人才」。檢視上述兩句話的矛盾之處，其原因是因為企業面對的是變化快速的情境，而大學教育只培養學生工作能力，當學生遭遇先前沒有學習過的情境問題時，可能就不知道該怎麼辦，得在企業中重新學習。

職業素養不等同於工作能力，後者是一種特定的表現，而前者是當面對未曾處理過的問題時，能分析思考與判斷，進而嘗試解決問題或完成任務。換句話說，大學教師要指導的不僅是針對某個問題能夠解決的「能力」，也要提供大學生面對困境而學習後，將其經驗內化，內化問題解決的認知歷程與態度，待未來面對未曾出現的問題時，因有其處理問題的經驗、認知歷程與態度，便可能主動去探究與分析情境因素，進行發展策略與解決，或許這就是企業界所需要的人才。

這樣的思維並非要大學教師更換課程內容，而是教導學生最後一哩路，亦即將學習的知能在情境中遷移應用，但關鍵重點非是解決問題，而是解決問題的內化歷程。素養的形塑不會是零，當一個人處理問題失敗時，也會有些許省思，下次遭遇類似的問題時，會處理比前一次更好。

大學教師可以思考在自己的教學領域中，學生畢業後可能面對的職業型態與實務上的問題，轉化為部分的課程內容，並在基礎知能指導後，提供學生面對挑戰的機會。如此發展的課程方案可能就是「融入……情境問題挑戰的……課程方案」，而其教學活動設計便可以分成三個階段：基礎知識學習、進階知識學習與情境挑戰學習。

第三節　教學方案、學習效應與關聯

　　大學教師察覺學生的學習困境或思考學生的未來生活與職業需求後，便可以將所形成的初步教學理念與想要探究的學生學習效應關聯起來，亦即有「想要怎麼教或教什麼，去改變或提升學生的什麼」之樣貌。

轉化為要改變的效應與提出適合的教學方案

　　先前所述，學生的學習動機、態度、學習成效、學習能力，以及和學生彼此互動的關係，都可能是在教育現場中可以察覺的學習困境，教師可以透過多次的觀察、找幾位學生訪談、統計學生在教務系統上的類似意見與次數，也可以向比較有教學經驗的同儕教師請教，確立學生學習困境的焦點，擇一或二，作為教學實踐研究中想要改變的學習問題。

　　再者，關於學生未來生活需求或職業素養的形塑之課程內容，大學教師除了閱讀新興議題文章與觀察整體職業趨勢外，也可以向企業界或實務界人士請益。這並非遵循企業界或實務界人士所說的方向，畢竟大學教育並非僅有職業教育而已，而是透過關鍵資料的啟發，大學教師本身對於事件的邏輯思考，逐步發想幾個可行的課程改革方向，作為教學實踐研究的起點。

　　有了起點之後，大學教師要改善上述問題現象或培養學生符合生活與職業素養的方法，可以從課程內容重新結構、教學活動重新組織、學習評量重新設計著手。不過，要選擇哪一種，並非來自於教師的一念之間，也不僅是早期自己求學時的經驗，教師得要閱讀相關文獻，了解其課程內容、教學活動與學習評量的核心價值。例如：素養導向的教材內容是基於可訓練的能力，在其

具備後，提出類似社會或職業情境的任務促進學生思考與實踐，而其素養是透過經驗內化而來，素養無法直接教導；合作學習的異質性分組是學生的特質得以發揮，而非高成就與低成就學生安排在一組，讓高成就帶領低成就學生學習；同儕討論是基於分享與內化，亦即每一位學生都要先產出自己的想法，再兩兩或小組輪流分享，每位學生聆聽到他人的意見後與自己的觀點相互對照比較，產生更多元、更進階，以及更深度的觀點；運用科技在教學中時也需要了解學生的學習成就感會促進學生學習的動力，而非操作科技的活動設計。建議大學教師可以先閱讀相關文獻，或參閱本書第五章關於課程、教學與評量設計的內容，發展成一個適合一學期或一段時間可進行的教學方案。另外，教師也可用已經存在的教學方法，融入其他的策略，形成一個創新的教學方案（可參閱本章第二節）。

● 訂定研究題目與發展研究目的

　　確認學生學習效應與相對應的教學方法，並初步構思整個教學方案後，研究題目就呼之欲出。教師們可以開啟教育部教學實踐研究網站，檢視這幾年來通過教學實踐研究的教師之研究主題，粗略估計，有一半以上的題目可以看出「教學方案」與「學習效應」。例如：下列有六個研究計畫，每一個研究計畫的黑體字句子是「教學方案」、底線句子是「學習效應」。另外，下列第一與第二篇計畫是關於「課程內容」的重新結構，第三和第四篇是屬於「教學方法」的融合再現，第五和第六篇是屬於「學習評量」的改善。

1. **自然科學探究與實作課程**對科學師資生<u>科學素養</u>之影響
2. **混成式中英雙語師培課程**影響大學生學科<u>自我概念、英語學業情緒與學習成效</u>之行動研究
3. **探究式教學融入師資培育課程**對師資生<u>探究思考、學習投入與學習成效</u>之影響
4. **遠距合作學習教學法**對大學生英文<u>文法學習及社會臨場感</u>之影響
5. **利用 Rubrics 提升翻轉教學**之<u>學習成效</u>探討：以理論課程為例
6. **運用多元線上互動測驗工具**於提升醫學院學生<u>學習動機與成效</u>之探討

　　擬定研究題目後，可以再微調，特別是在文獻探討之後，可能在課程內容、教學活動或評量設計上更精煉一些。

　　研究題目初擬後，教師可以暫列兩個研究問題，第一個研究問題是關於學生學習效應的改變情形，第二個研究問題是所發展的教學方案之可行性。第二個研究問題是透過第一個研究問題，再加上非學生學習成績的資料（例如：與學生學習成績無關的訪談、觀察或問卷蒐集），共同檢視新發展的教學方案之價值，這也是先前所提到的大學教師是知識產出之人的意義。

說明自己在此領域的鑽研能力

　　申請教育部教學實踐研究，通過審查後就可以獲得一筆補助經費，提煉自己的教學實務知識。既然涉及到經費，也可能涉及到同一學門領域通過件數的競爭，除了上述提及的教育理念，以及對教學實務的觀察外，另一個獲得審查者青睞與肯定的關鍵內

容是申請者是否有足夠的研究能力去發覺學生真正的學習問題，並進而去實踐與改善。這也就是說，申請者需要說明自己先前的教學經驗、研究成果，以及相關的教學與研究的能力。

　　或許有些大學教師可能沒有充分的教學經驗，也可能沒有相關的研究發表，缺少這部分可能有點弱勢些，但本書仍建議申請者可以自己先分析先前教學時學生作業表現，以及先訪談學生與分析學生的學習困境，進而鋪陳要提出申請的教學實踐研究計畫。

　　學生對教師的學期評比分數或讚美的內容可以提列，不過，那只是證明學生不排斥這個教師的教學，或者這位教師有「教學能力」，並非代表這個教師具有「教學研究能力」。教學實踐研究是研究教學，亦即焦點是教學，但研究是提煉教學實務知識的方法，因此，「教學研究能力」也是一個審查通過的關鍵因素。

　　本書建議大學教師，若已有研究經驗與相關研究成果發表，可在教學實踐研究計畫的書寫格式之主持人部分，多說明自己的教學研究能力（以學生學習為起點，進行教學、蒐集資料與分析、回饋與省思），並與提出申請的研究計畫連結起來，說服審查者自己在教學實踐與資料蒐集和分析上，有足夠的能力實踐計畫；若無或較少經驗的教師，若來不及將先前教學資料分析結果發表於研討會或期刊，至少先試著將自己的課程之教學實踐、資料蒐集與分析的結果呈現在申請計畫中，彰顯自己在教學研究上的能力。

● 研究動機的寫作要領與寫作實例

　　緒論或研究動機是一篇研究計畫或論文的起頭，是寫著「為何想要進行這個教學實踐研究」的理由，也是審查者認為這篇研究是否值得進行的審查重點，具體描述和有系統地論述相當重要。在研究動機書寫上，建議申請者至少要有三個區塊的內容，若以解決學習困境而言，則是 1. 學生學習表現的現況、2. 學生學習表現的問題焦點或真正的問題、3. 合宜教學方案之可行性的敘說。舉例來說，如表 1.1。

表 1.1　研究起點的書寫參考實例一

書寫內容	說明
根據申請者多年來的教學經驗與省思，先前學生進行合作學習時之參與度有很大的落差，在學期末總是會有些許學生寫電子郵件或前來告訴我哪位同學根本沒有參與，只想著「躺分」。另外我也常發現，學生經常將一個大任務分割成幾個小任務，每位成員認領一個任務，各自完成後再結合起來，每有統合思考……	提出學生學習表現的現況，盡可能提供具體的資訊並描述清楚。
仔細分析與察覺，除了學生不了解合作學習的意涵，也涉及到學生的人際互動關係。修讀我的課之學生，大都是一年級學生，初到大學而陌生的環境可能讓他們對人際互動有些戒心，也可能缺乏表達的自信……	指出學生學習表現的焦點。
根據文獻探討，合作學習是基於同儕間的相互依賴，個人貢獻小組以完成任務，亦即小組成員之個人任務相互關聯……。再者，合作前的破冰是小組積極運作的關鍵因素，之後，若從簡單的操作中獲得成就感，除了可促進學生合作互動外，也可以培養學生表達的自信……	指出合宜的教學方案，引用一兩篇重要文獻，意圖解決問題。

表 1.1 研究起點的書寫參考實例一（續）

書寫內容	說明
因此，本研究整合合作學習的學理基礎，發展漸進式合作學習教學方案，試圖培養學生的合作學習能力，並在此過程中，提升學生的學習自信。研究目的是探討漸進式合作學習任務挑戰方案對培養學生合作學習能力與表達自信的影響。研究問題一是學生接受……其學習能力與表達自信的表現情形為何？其二是漸進式合作……方案對於大一新生課程實踐之可行性為何？	提出教學方案與研究效應，形成研究題目與研究目的。

　　若以未來生活職業需求開展，則可以是 1. 當前生活或職業的現象與需求、2. 指出傳統學校教育的不足、3. 提出可行的方案。這三大區塊可以交叉說明，也可以分列說明。舉例來說，如表 1.2。

表 1.2 研究起點的書寫參考實例二

書寫內容	說明
十二年國教課綱於 108 學年度正式實施，課程總綱提及學校於校訂課程中可設計跨領域課程與教學方案，師資培育之教育專業課程（以下簡稱師培課程）也應多加關注。	提出當前的現象。
然而，早期師培課程幾乎沒有跨領域教學的教材教法與教學實習之課程，即使當前部分師資培育之大學已設計跨領域相關的教育學程學分課程，仍較少以真實學校情境為本位的實作練習，使得跨領域教學方案設計能力培養略顯得困難。	指出當前學校教育的不足。

表1.2　研究起點的書寫參考實例二（續）

書寫內容	說明
師資生要設計符合中學現場可用的跨領域教學方案，得要先對中學生的學校生活情境有所了解，若能實際到中學，便可蒐集到充分的情境資訊。然而，除了時空限制外，在 COVID-19 疫情下，多數學校不願意接受外人到訪，這促使師資生到中學訪談或諮詢教師產生困難。	指出當前教學上的困難。
拜科技之賜，同步視訊會議（synchronous video-conferencing）讓學習的型態產生了變化，師資生可運用同步視訊功能與中學的師長互動，中學師長也無需出門便可以分享學校的情境資訊，同步視訊提供師資生在疫情期間可練習實作一個學校的跨領域教學方案的機會。	提出可行的策略。
本研究採同步視訊融入專題導向學習為策略，藉由師資生在跨領域教學方案實作過程表現與學習成果之了解，探討此方案設計是否適用於師培課程。研究問題如下： 1.在「同步視訊融入專題導向……」之方案中，師資生在專題導向學習過程中的學習表現為何？ 2.師資生在跨領域教學方案實作的學習成果為何？	提出教學方案與研究效應，形成研究題目與研究問題。

註：此表內全文可見本書附錄。

● 小結

　　本章提及教學實踐研究的思考起點，大學教師可以從教學過程觀察學生的學習表現，或是察覺當代社會改變下學生在未來生活與職業素養的需求，發想教學實踐研究的主題與要改變的現象，藉此形成教學方案與學習效應。然而，教師需要真正地探究學生學習問題的原因，切勿以學生表面的回應誤導研究理念的發展；另外，若要因應學生需求與職業素養，也要能探究或論述新理念的價值，勿以為新的想法就是可行的方案。

　　教學實踐研究計畫理念的發想是一個重要起點，有了好的起點，之後文獻探討、教學設計與研究方法、研究工具發展與設計、資料蒐集與分析等，均是以該起點逐步推展。因此，建議那些已經申請但未通過的教師們，在撰寫計畫前務必花一些時間觀察與自我省思，找出關鍵要素。

　　而在撰寫上，具有邏輯的鋪陳與進展是相當重要的。從學生問題連結到可行教學方案，或兩者之間交互論述，進而提出研究題目與研究目的，均為可行。少許的文獻與學理基礎可以用來支持自己的理念，讓教學方案具有可實踐的價值。另外，適度的展現自己的教學經驗與研究能力，可以讓審查者確認計畫不僅具有實踐的價值，也可確認申請者具有執行計畫的能力。

第二章

文獻探討

　　為什麼要文獻探討？有一些老師這樣問我，我回應說：大學教師是知識產出的人，理念要有根據、方法要合理，也要有充分的證據支持自己的觀點；而最好要知道別人已經做過些什麼，才知道可以藉由別人的基礎產出些什麼，如此才具有知識產出的意義。即使大學教師不申請教學實踐研究，也要對自己的教學設計與評量學生表現成效的工具提出學理基礎，而學理基礎也是屬於文獻探討的範疇。

　　教師教學時不能僅是依自己的喜好與經驗，許多學理基礎可以用來發展教學活動與流程；另外，對學生學習過程與結果的解釋，也要根據資料蒐集與分析的結果，不能由主觀意識判斷。而大學教師是個知識產出的人，不能僅是模仿他人的教學方法，要能知道他人在教學時已經發現什麼問題，有什麼樣的改善機制，進而把那些問題與機制當作基礎，進一步考慮更深、更廣，或更細膩的因素，發展新的課程內容結構、教學方法與活動細節或調整符合自己課堂教學的評量方法。大學教師若要申請教學實踐研究計畫，上述兩個面向的內容都要兼顧。

　　文獻探討提供了定義、學理基礎、內涵與面向、流程與焦點，以及他人經由研究而發現的成效或問題。定義與學理基礎可以讓大學教師掌握完整與確實的教學相關概念，內涵面向和流程焦點則可提供教師教學時的教材內容和活動流程設計的參考，也

可以成為教師發展研究工具與評量工具的編制準則；另外，相關研究則可以提煉教師教學研究的方案設計，避免與其他教師犯相同的錯誤，也可以用來解釋與比較自己和他人教學研究發現有何相同或不同之處。再者，文獻探討的「探討」之意是指研究者需要閱讀、分析、歸納與提出自己的觀點，即使許多課程內容與教學方法都有其定義，以及既定模式，但不一定適合自己的課堂，教師需要指出、比較、推理，甚至以先前的文獻作為基礎，發展有別於他人且具有意義的理念。

　　本書第一章提及教學實踐研究的核心要素是「教學方案」與「學習效應」，因此，文獻探討通常分為三節，第一節是教學方案的文獻探討，第二節是學習效應的文獻探討，而第三節則可以將「教學方案」與「學習效應」關聯起來，提及這樣的教學方案可能會有什麼樣的學習效應，以及這種關聯的合理性。

第一節　教學方案的文獻探討

　　本書先前第一章提及教學方案可以從改善學生學習困境或因應社會改變的需求進一步發展，包含課程內容、教學方法和評量設計，進而整合起來成為一學期或者是一段長時間的教學活動結構，以申請教學實踐研究計畫。不過，研究計畫的申請有字數或頁數的限制，大學教師在探討教學方案時，可以在「課程內容」和「教學方法」中選擇要創新的部分進行論述即可。例如：一位教師的研究主題是「線上學習為本位的跨領域課程設計提升大學生跨領域思考能力之研究」，這個主題看起來是創新課程內容，即是把「線上學習」和「跨領域課程設計」兩者結合而成新的想法，之後他的教學策略可能是採用小組討論與合作的方式，由於小組討論與合作不是創新的焦點，討論與合作部分可以在研究方

法或教學設計的內容中，整合課程內容後統整描述即可。

　　以下分別就課程內容和教學方法等兩個與教學方案相關的要素進行文獻探討的說明，若要參考與寫入教學實踐研究計畫，端看教師的教學方案之創新的重點，選擇其一或全部。

● 課程內容的文獻探討

　　課程內容要有學理或文獻探討作為基礎，換句話說，並非大學教師直覺地想要呈現什麼教材即可，除非已是該領域的學科內容之發展與引領者，否則最好要有一些依據或參考來源。舉例來說，我想要提出一個可以培養學生批判思考能力的課程，並在實踐後，察覺學生批判思考能力的形塑情形。如此而言，可培養學生批判思考的課程即是課程內容，批判思考能力的評量即是效應（效應部分請參閱本章第二節）。在設計課程內容時，就需要先針對批判思考能力進行文獻探討。本書建議課程內容的文獻探討要有三個區塊的內容，分別是 1. 定義、2. 內涵（細項、作法、策略……）、3. 相關研究。

　　首先要提出批判思考能力的定義，定義可以讓讀者一下子就抓取到探討內容的意義，也讓研究者清楚地了解所要探討的方向。例如：（全文已置於本書的附錄，以下均同）

　　……批判思考是一種心理能力，張春興（2013）認為這種心理上的能力被認為是個體在學習、思維及解決問題時，由其心理上的運作所表現在外在行為上的能力。

　　之後，藉由文獻，提出可以促進批判思考認知歷程的教材內容。再從文獻指出批判思考的認知歷程，去引出具有爭議或認知衝突的社會議題適合成為批判思考的教材之觀點（如下列引用文字的黑體字）。

　　……Ennis（1987）指出批判思考為合理與反省式思考，著重在決定什麼是可信與可為的，並提出批判思考由兩個面向所組成：批判思考的意向與批判思考的能力。……以批判思考的意向而言，強調批判思考的主動性，為了激發參與者主動參與，批判思考的議題可以考慮足以產生不同觀點或認知衝突的教育議題。Oulton, Dillon 與 Grace（2004）指出有許多社會議題會因個人或團體的立場、信仰、文化或價值觀的不同，就容易引發了彼此利益上或意見上的衝突。Butera 與 Darnon（2010）認為個人對議題的想法和知覺影響同儕間的互動，原因是參與者知覺到同儕另類觀點與自己觀點不同時會產生社會認知衝突，而此認知衝突會讓他們進一步捍衛自己的想法或者是調整自己的想法，進而產出比先前更整合的觀點。**因此，具有不同意識的議題內容可促進參與者從不同面向探討觀點，亦可以促進批判思考能力的發展。**

　　之後，再提出相關研究，支持上述的觀點或啟發進一步的行動。如果要強調教學方案在學習效應上的效果，則可以在文獻探討第三部分再提出，可參閱本章第三節。

> ……Mogonea 與 Popescu（2015）探討社會認知衝突在討論活動中的作用時發現，社會認知衝突有助於學習者透過批判思考過程進一步理解議題並建立自己的觀點……林樹聲（2012）利用爭議性議題進行探究，發現爭議性議題可以促進學生的思考更縝密，思考能力也顯著進步。

如果大學教師的課程名稱就是「批判思考」，那進行文獻探討之後，教師可藉由定義和內涵編擬爭議性的議題，並在學生了解該議題的內容後，進行討論與探究；如果大學教師的課程不是「批判思考」，而是相關或可發展的課程，那就要分析課程單元中有什麼樣的內容可以發展成爭議性的議題。如果都不是上述的課程，或與課程不具有相關性，也難以發展批判思考的內容，那本書建議，不要以批判思考能力作為課程內容進行教學實踐研究。

有了上述的文獻探討以及和課程內容的結合後，教師就可以在研究方法中提及每一週或每一段時間要提出的教材內容之細節。

整體來說，從文獻探討的定義、內涵到相關研究，並在研究方法章節的課程設計中轉化為細節，如此的課程內容便具有研究的效度。若實踐之後，學生表現資料分析的結果是正向的，我們便可以說這樣的課程內容是可以促進學生批判思考的教材內容。

教學方法的文獻探討

如同課程內容，教學方法也要進行文獻探討，若大學教師想要藉由他人模式融入一點自己的創意，更需要在文獻探討中論述原有的想法和自己的創意思維，以及兩者融合的合理性。如果教

師想要藉由改變教學方法解決學生原有的學習困境與學習問題，仍然要探討該教學法，再提出得以改善學生困難的關鍵要素。

　　一般來說，高等教育的教學方法會傾向更深度（例如：探究學習）、更互動性（例如：討論與合作學習），以及促進學生更自主性地學習（例如：專題導向學習）等三個面向。如果教師只是想採用其中一種早已經存在的教學方法（可能因教學方案的創新重點在於課程內容設計或評量設計，非教學法），那可以在研究方法之章節中提及該教學法，並指出教學法中可以產出學習效應的關鍵要素即可；不過如果教師想要以當前的相關研究對教學方法有更深度的理解，也可以進行文獻探討，讓審查者知覺申請者非常了解該教學法。本節重點針對想要融入、調整或創造等理念，進行說明文獻探討。

　　教學方法是促進學生在學習內容的學習成效，任何教學方法都與學生的認知處理歷程有關，才會具有促進學生在學習內容上的學習理解之作用，因此教學方法的文獻探討除了和課程內容的文獻探討有三個重要區塊內容（分別是 1. 定義、2. 內涵、3. 相關研究）外，均有著學生認知歷程的特徵。

　　舉例來說，附錄文章中有一個研究主題之教學方法，是將「同步視訊」融入「專題導向學習」。首先，我需要先定義「專題導向學習」。

　　　專題導向學習是指學生針對一個專題擬定探索計畫來進行學習（Thomas, Mergendoller, & Michaelson, 1999）。Blumenfeld 等人（1991）定義專題導向學習為一種複雜的工作，過程中要求學生提出具有挑戰性的問題，經過設計、擬定策略和探究行動，在一段時間內自主地從事相關工作，並完成真實的作品及發表。

之後,再提出相關的內涵,以教學方法而言,此內涵大都屬於可轉化或形成的教學流程、階段或細節活動之內容。下列實例中,黑體字的字句即是提出教學的可行階段,之後,再針對這三個階段寫出細節說明,如劃底線之字句。

在教學的引導要素方面,Krajcik 與 Blumenfeld(2006)**確認專題導向學習有三個要素,分別是產生驅動問題**(driving questions)、**發展書面文件**(developing artifacts)、**與同伴合作**(collaborating with peers)。當學習者提出好的問題,便可幫助他們組織有意義的目標和活動,透過探討,驅動問題可以產生有價值的數據(Krajcik & Blumenfeld, 2006)。其次,發展書面文件是促使學習者參與一系列活動,包括計畫、檢索與分析資訊以及製作成果報告,並與他人分享,且有助於學習者培養訊息處理、問題解決和批判性思維能力(Garrison, 2007; Howard, 2002)。再者,由於知識是與他人在情境中共同發展與建構的(Lave & Wenger, 1991; Wenger, McDermott, & Snyder, 2002),與他人合作可以共同討論挑戰性的想法以及解決問題,已有許多文獻提及合作可增強學習者解決問題的能力,以及接受挑戰的意願(Lin & Hsieh, 2001; Ward & Tiessen, 1997)。

第三部分是相關研究,教師可以引述二至五篇前人提出的研究心得,支持自己的理念。

在相關研究方面，Grossman, Pupik, Kavanagh 與 Herrmann（2019）藉由問卷調查蒐集已完成專題導向學習的參與者之知覺，發現參與者具有多領域的學習，並致力於真實工作與相互合作之歷程中。Tsybulsky 與 Muchnik-Rozanov（2019）探討職前教師採用專題導向學習的經驗，發現專題導向學習有助於塑造職前教師的專業認同，包括自信心和專業成長，並在克服挑戰和同儕合作方面獲得正向且有意義的經驗，而這些經驗在維持職前教師的教學實踐上發揮顯著的作用。另外……

不過，先前提及，主題是融入同步視訊，此時還有兩個區塊要提出，分別是同步視訊的定義（也可包含可能的問題），以及融入之後的教學活動之具體內容。下列第一段話是指出同步視訊的特徵與功能，第二段話是反過來說明同步視訊可能會產生的問題，再導引教學設計的重要性。

已有研究確認，同步視訊互動像似與一個真實的人講話，強化互動的感覺，如此互動模式可用來指導與即時問答，以澄清概念和避免文字解讀上的誤解（Borup, West, & Graham, 2012; Kear, Chetwynd, Williams, & Donelan, 2012）……

不過，Al-Samarraie（2019）的研究卻顯示，雖然即時視訊提供特定的學習機會，但教學活動設計上，學生與教學者還沒有充分準備好運用這些機制進行學習。因此，同步視訊在專題導向學習的應用還必須要教師的教學設計……

　　藉由上述定義以及提出可能會有的問題，而需要教師進行教學設計的觀點後，引出「同步視訊融入專題導向學習」的教學流程。

　　本研究將跨領域教學方案的設計流程（選擇情境相關主題、進行主題腦力激盪、發展核心問題與確認教學內容、組織跨領域教學方案）、專題導向學習三要素（產生驅動問題、發展書面文件、與同伴合作）及同步視訊三者結合，發展同步視訊融入專題導向學習於跨領域教學方案的教學步驟，包含：1.藉由同步視訊了解情境與情境分析；2.小組合作發展驅動問題；3.小組同步與非同步討論發展跨領域教學方案內容（根據情境問題發展設計主題與概念、概念與教學活動，以及整合性任務）；4.小組提出方案以及成果分享等四個階段。

　　有了上述的流程，教師就可以在研究方法之章節中，指出一學期的課程中有哪些時間是屬於哪一個階段，如此便可以讓教學方法具有文獻的支持，也就是具有合理性與方案的效度。

第二節　學習效應的文獻探討

　　學習效應是指學生接受教師的教學之後，「在學習內容上有何學習表現」的資料蒐集與分析，而為了蒐集到真實的學生學習表現資料，學習效應的文獻探討相當重要，這也涉及研究與評量工具的發展與設計，也是研究計畫或論文審查的重點。舉例來說，如果一位教師想要了解某個教學方案是否能提升學生的學習動機，學習動機就是教學方案實踐前後的一種學習效應，但該教

師把學習動機解釋為「學生每天幾點上學」，這樣的資料蒐集不準確，或解釋為「學生是否專注聆聽」，如此也有點偏頗。不準確或偏頗的資料就會產生不真確的研究結果，亦即研究是無效的，研究結論是無用的。

　　如同教學方案的文獻探討，學習效應的文獻探討一樣有三個重要區塊內容要寫，分別是 1. 定義、2. 內涵、3. 相關研究。不一樣的是：教學方案的文獻探討在於形成教學活動，而學習效應的文獻探討則是教師發展與設計資料蒐集工具的基礎。換句話說，教師要評量學生的學習成效，以及了解學習相關的心理知覺，無論是評量方法或研究工具的內容設計，都需要文獻探討後的觀點支持。

　　一般來說，學習效應分成兩類：學習成效與學生心理知覺，前者涉及學生的學習成績，後者與學習成績無關。我建議教師兩者均有，因為學生成績高不一定是教師的教學方案設計與實踐好，有些時候是其他因素的影響，例如：學生為了申請獎學金而相當努力，比前一學期更認真投入。換句話說，若學生學習成績高或成效佳，也對教學方案感到滿意或參與知覺高，學習成效與正向心理知覺兼有，便可以說這個教學方案在某個領域的課程或能力學習上具有實踐的合宜性。

● 學習成效的文獻探討

　　學習成效的文獻探討具有引導評量設計的作用，也與教師的教學目標有關。換句話說，教師想要學生理解或具備什麼樣的知識與能力，便可以轉化為教學目標，之後就要設計評量工具蒐集學生在學習中或學習後，其知識和能力上的表現，分析後以確認學生實際表現是否如同教學目標的預期表現。

　　如果學習成效是指學生在既有的教材內容學習後的認知表現，而採用紙筆測驗的考試方式進行，此部分可以在研究方法之章節中提及學習測驗的發展即可，例如：多少教材單元內容，發展出多少個題目，題目具有認知歷程的哪些層次。舉例如下：

> 學習成就測驗在第 6 週施測，目的在於檢測師資生進行跨領域教學方案實作前是否具備跨領域教學的基礎知識。本研究以雙向細目分析表設計評量目標，在雙向細目分析表的學習內容上，以前 5 週實體課程所學習的「跨領域教學的理論、概念、類型、作法、時機」等五個主題內容，各設計兩題選擇題，每題 10 分，總分100 分；在雙向細目分析表的學習表現上，由於此工具僅在於確認師資生對跨領域教學方案的基礎知識，因此，均以學習目標的「了解」和「應用」之認知層次進行題目的編擬。

　　然而，如果學習成效是屬於能力或素養等級，檢測方式不能僅是紙筆測驗，而是需要透過實作、發表或任務展現，為了確實蒐集到符合能力內涵的資料（可能包含細項內容、步驟、策略……），文獻中更需要提及定義與內涵。

　　舉本章第一節提及的「批判思考能力」為例，我想要了解學生在批判思考課程之學習後，其批判思考能力是否提升，除了在課程內容早已提到的定義外，需要在文獻探討中就提及檢測批判思考能力的方法。

> 在批判思考的內容評分上，Burkhalter（2016）**指出可以運用評分標準表**（Rubric），亦即從學習者所寫

出、說出或回應的語句中去分析……。Burkhalter 也指出可以**再使用自我評量（self-assessment）方式，提供學習者批判思考的標準自我察覺**……。Barron（2020）**則提出批判思考表現的四個等級的評分標準（如表**……），**從低到高分別為：基礎（Basic）、發展（Developing）、熟練（Proficient）和高階（Advanced）**，以學習者所提出的文字或語句內容進行分析，……若將對話前和對話後的內容分析後的等級相互比較，便可以檢視批判思考能力是否提升。

如果能再加入相關研究的文獻探討，更能讓上述作法具有合理性。例如：下列的引文提及自我評量與評分標準表，正對照著上一個引文的黑體字之字句。

在相關研究上，Zhou（2018）在培養大學生的批判思考能力之研究中，以自我評量問卷和訪談內容進行批判思考能力的分析，確認大學生批判思考能力的發展。另外，Shively, Stith 與 Rubenstein（2018）以評分標準表評量學生的批判思考能力，並指出評分標準表具有評量學生複雜認知過程的功能……

上述已經提及學習測驗和能力的評量，如果是作業或表現任務上的評量，在文獻探討中需要提及該表現的定義與內涵，如此才能在研究方法的章節中敘說評量過程。下列引文來自另一篇論文，可自行參閱附錄。

（經過定義與內涵的探討之後，歸納評量設計的方向）
……符合 Drake 與 Burns（2004）的「科際整合」之跨
領域觀點，亦即：（一）以情境問題意識出發；（二）
發展「主題」內的範圍以及發展次主題「概念」；（三）
再依「概念」的內涵與性質歸入不同學科領域，繼而
針對這些學科領域概念進行教學方案的轉化與探究；
（四）整合性任務設計。換言之，如果師資生設計的跨
領域教學方案具有上述內容要素，便可推估其具有跨
領域教學方案的學習成果。

　　再以上述的文獻作為基礎，在研究方法的章節內寫出評量的
細節，可以對照著前三的引文內容，之後，再把評分標準表實際
呈現出來。

本研究根據評分標準表（rubric）發展其原則，包含：
1. 找出評分內容的關鍵「向度」；2. 以「級分」來區
分作業行為表現的內容多寡。在向度方面，根據 Drake
與 Burns（2004）的觀點，跨領域教學方案包含情境問
題意識、主題與概念、概念與教學活動，以及整合性
任務等四個面向，因此，評分標準表的向度是以此四
面向為主……。……評分標準表如表 2 所示……

🔘 學生心理知覺的文獻探討

　　學生心理知覺相當多元，可以粗略分成三個面向：1. 對自
己的知覺（例如：自我效能、焦慮、壓力等）、2. 對教學方案的

知覺（例如：學習動機、態度、參與度、滿意度等）、3.對同儕環境的知覺（例如：同儕關係、設備、學習資源的應用等）。本書第一章研究起點的內容中提及，教師可能因為教育現場的困境而發想教學方案，教學方案之目的在於改善或提升學生在某個學習效應上的成效，如果教師是想要提升學生的自我效能、對教學方案的滿意度或者是合作學習的同儕關係等，這些都與學生學習成績無關，均屬於心理知覺的範疇。從另一個角度說，教師不可能因為學生對教學方案不滿意就給低的成績分數，而學習滿意度卻是可以成為教師省思教學方案的重要資料之一。

　　以學生對教學方案的參與度或參與知覺為例，參與知覺的定義和內涵是文獻探討中相當重要的資料，參與知覺問卷或訪談大綱都是以文獻探討的內容作為題目發展的基礎。如下列實例，引用文獻後要寫出所歸納的觀點。

　　……在參與知覺方面，根據 Newmann, Wehlage 與 Lamborn（1992）的觀點，學習參與是學生為了學習某項知識或技能所做的心理投資及努力；而 Fredricks, Blumenfeld 與 Paris（2004）整合相關文獻後，將學習參與歸納出三種要素：1.認知：學生學習策略的運用，以及自我調節的能力；2.行為：是學生積極主動的行為；3.情感：是學生在課堂上所呈現的各種情緒反應。因此，師資生參與同步視訊融入專題導向學習的參與知覺，可以包含認知上的理解、投入學習活動的行為以及對學習的感受。

　　上述文獻提及學習參與有三種要素：認知、行為、情感，以及它們的定義，教師在編擬問卷或訪談題綱時，就從這三個要素

與其定義，發展題綱。如此進行後，使得研究工具（問卷題目或訪談題綱）具有內容效度，亦即蒐集到準確的資料，分析結果便可能有用（可能還要考慮其他的要素）。

　　再以學習動機為例，文獻探討時提出定義與內涵，再藉由內涵發展題目或題綱，本章再把上述的各段寫作整合，舉例如表2.1。

表2.1　學習效應的文獻到研究工具發展的對照之實例

動機是隱藏在個體內部的力量，能促使個體從事某種行為，也是學習的重要成分之一（Kendra, 2015）。張春興（2000）認為學習動機是指引起學生學習活動，維持學習活動，並導引該學習活動趨向教師所設定目標的內在心理歷程。	定義
因此，學習動機是指學生在學習活動中所……	觀點
Pintrich, Smith 和 McKeachie（1989）綜合統整各種學習動機理論之研究後，認為學習者的學習歷程中應包含三個主要的動機成分：價值、期望和情感。……價值是指學生從事一項學習工作的理由及其對該工作重要、效用或興趣的信念；期望是指學生對某項學習工作是否能夠成功的預期；而情感是指學生對學習工作、結果或自身能力的情感反應，包含焦慮及自尊。而劉政宏等人（2010）更進一步修正此理論，加入第四個成分執行意志……	內涵
以大學生而言，在……教學中的學習動機需要了解它們在……	觀點
蕭佳純（2021）認為學習動機通常是一個中介變項，是某個教學方案對學習行為的效應之探究，她發現……。因此，本研究在發展學習動機的工具時……	相關研究

表2.1　學習效應的文獻到研究工具發展的對照之實例（續）

（根據上述定義加上教學方案發展成題目，下面題目與題數僅是舉例） 【價值】 1.我認為學習「稅務會計」對我的未來是相當重要的。 2.我認為學習「稅務會計」對我的未來是相當有用的。 【期望】 　・我認為我可以在「稅務會計」課程學習中得到高分。 　・我認為我可以在「稅務會計」課程學習中獲得學習成效。 【情感】 1.當我修讀「稅務會計」課程時，我總是感覺到快樂。 2.當我修讀「稅務會計」課程中，我總是感到焦慮（反向題）。	問卷 題目 示例
【價值】 你認為學習「稅務會計」這門課程內容對你自己未來有何影響？ 【期望】 你對於學習「稅務會計」這門課程內容有何自我期待？ 【情感】 當你在學習「稅務會計」這門課程內容時，心理上的情感反應為何？	或是 訪談 題綱 示例
（我建議教師訪談時先提出一個導入題目，讓學生回想這門課的學習經驗，使其從經驗回答訪談問題，避免學生從意識型態或認知觀點回應。另外，當學生回應後，可以再詢問、協助其釐清，以及深入地探討更細節的內容。）	

第三節 方案效應的連結探討

　　這個部分的文獻探討之目的，是讓教學方案與學習效應之間的連結具有合理性，亦即從學理基礎或相關研究來說，該教學方案是可以產生那樣的學習效應。另外，如果能找出他人在類似的研究過程或研究結果已經察覺的問題，那就在自己的教學方案中避開或調整；若是他人發現因果關係、重點要素或者是建立了教學模式，自己在有研究結果後，也可以進行比較，指出自己的發現與他人發現的相同或不同點。

建立教學方案與學習效應的連結

　　此部分的書寫要先簡略提及教學方案以及學習效應的重點，之後，再寫出教學方案是可以促進學習效應的觀點。如果能引用一些相關研究的發現更好，如果相關研究真的鮮少，我建議教師至少要自己論述其關聯性與合宜性。下列實例指出混成學習（教學方案之部分）與批判思考能力（學習效應）的關聯之合宜性。

　　……由於混成學習提供學生許多議題討論的機會，理論上，討論可以相互刺激思考，運用混成學習培養大學生的批判思考能力是可行的。Korkmaz 和 Karakus（2009）的研究發現，混成學習除了可以在學習態度有顯著效應外，在批判思考能力上亦有顯著作用，而學習態度愈佳，批判思考能力愈顯著。Snodgrass（2011）也發現混成學習可以促進學生的批判思考能力，原因在於學習者愈投入互動討論中，其批判思考能力愈佳。

　　或許有些人會質疑，既然教學方案與學習效應的關聯是合理的，那就不需要進行研究了。這至少有兩點可以回應說明：1. 那是他人的研究，大學教師想要在自己的課堂實踐與研究是否會有其他問題；2. 那只是一部分，該研究主題是融合混成學習與師培課程方案的學習，自己的理念是要確認這種創新方案的效應。因此，探討教學方案與學習效應的關聯是教學實踐研究之理念的根基，也避免教學方案與學習效應看起來合理，卻難以解釋教學成效的情形。

以相關研究提煉自己的教學方案或評量設計

　　他人的研究心得與研究成果對自己的研究計畫有加值作用，教師可以經由文獻搜尋他人的研究報告後，檢視該報告是否提及教學上的困境或提到重要的關鍵因素。即使非教學實踐研究相關論文，一般教育科學研究的論文也會有變項因素的探討，或許某一篇研究論文以實驗組和控制組進行某個教學法的研究，發現實驗結果雖然具有學習成效，但實驗組學生可能在某個學習階段出現些許問題，這些內容也可以用來提醒自己，在教學設計時可以應用、加強或避免。如下列實例：

　　一些研究提出混成學習的問題，Charbonneau-Gowdy
　　（2018）針對學生參與混成學習的困難進行探討，
　　指出如果學生沒有投入參與，混成學習的目標無法達
　　成。另外，Kurt 與 Yildirim（2018）分析結果時發現混
　　成學習可以讓學生充分表達他們對議題的想法，但也
　　發現學生的觀點不夠廣泛；Kurt 與 Yildirim 發現教學
　　者在整個教學活動的組織安排和面對面的引導是促進

學生混成學習參與的重要關鍵。……具體上，教師在課中引導師資生對非同步討論的議題進行理解以及發展各自觀點，再引導討論流程促進對話與參與，這種混成學習之教學活動似乎有助於批判思考能力的提升。

或者透過文獻探討，從他人的觀點中預估自己的教學可能會遭遇到什麼問題與限制，進而提出自己研究中處理這類問題的作法。下列黑體字為他人的問題，劃底線的字句是研究者因應問題而提出的策略。

Rees Lewis, Gerber, Carlson 與 Easterday（2019）提出四點作為克服學生在專題導向學習的挑戰，包含：**是否符合學習需求、具有彈性的專題、且能協助學生了解專題學習的方法，以及邀請協同教師提供協助。**以此而言，除了不同學校有不同的情境，驅動問題具有彈性的特性以及跨領域教學方案也符合師資生學習需求外，過程中專家教師的參與，可引導師資生進行專題導向學習。

基本上，在撰寫相關研究時，不能僅只是把相關研究的重點摘要或以表格方式寫出來，甚至有些相關研究的主題和其研究發現與自己要進行的研究差距很大，這不僅沒有幫助，反而讓審查者認為缺乏探討文獻的能力。教師至少要去發現前人研究的三項重要元素：研究對象、研究方法、研究發現，在寫成一個段落時，不能直接複製該論文段落，而是寫成「某人（某年）曾對（某研究對象），以（某研究方法）進行……，結果發現（什麼研究發現）」這樣的句子。教師可以提出兩至五篇相關研究，依

上述的方式或整合起來寫作後，若他們的研究發現符合自己的研究主題，便可提及自己的研究具有實踐的合宜性；若是以他們沒有發現什麼來起頭，下一句就應該寫出自己的研究就是在探討他們沒有發現的現象。後者比前者更有創新性，但雖然好，也相當不容易，因為涉及到研究者自己探討的相關研究是否具有代表性，以及自己的研究是否已經具有創新的理念等因素。

寫出自己建立或有別於他人的教學特色

如果經過上述的文獻探討，教師在研究計畫或投稿論文中提及了教學方案，也提出相對應的學習效應，因為教學方案與學習效應是因應教育現場的困境或者是因應未來生活與職業的需求，亦即有種傳統的課程與教學無法做到進而發展新的理念之感覺，這時就可以更加值地提出自己教學方案的特色。如下列實例：

藉此，本研究所發展的方案有以下三個特色：
1. 有別於傳統師培課程，本研究所發展的師培課程方案強調不同學系的師資生一起藉由專題導向學習發展跨領域教學方案，培養未來成為中學教師亦需要與不同學科教師協作的能力。
2. 混合課堂講授、實體教室小組討論與合作，以及同步互動機制，特別是與協同專家教師的同步視訊連線互動，有助於師資生澄清教育現場的實務問題。
3. 創新師培課程與發展合宜的課程模式，強調師資生不應該只是學習教育學相關學理知識，也應該連結中學學校現場實務的實務經驗。

　　這種有別於傳統課程與教學方案的特色，除了引導審查者察覺教學方案的創新價值外，也符合大學教師是知識產出人的意義。更重要的是，若能實踐後進行確認或微調其教學模式，因其教學模式具有創新意義且經過實踐驗證，具有貢獻價值，在大學教師的學術地位升等上就比較容易些。

● 小結

　　文獻探討是形成教學實踐研究之教學方案與學習效應的重要基礎，充分的文獻探討讓教學方案具有合宜性，讓資料蒐集的工具具有準確性，亦即發展具有效度的教學方案與提出具有效度的學習效應之工具後，才實際進行教學實踐研究，否則，實踐結果所蒐集的資料就難以解釋課程與教學的價值，也難以判斷學生學習成效是否確實存在。

　　再者，有句話說「站在巨人的肩膀上」，實際上，是基於他人的發現，進而創新自己的理念價值。透過相關研究的整理與分析，釐清課程內容、教學方法與評量設計的要素與問題，將他人提出的關鍵要素轉化為自己教學研究中特別注意之處；將他人發現的問題與困難，改良成具體的教學策略進行實踐；或將自己有別於傳統教學的想法發展成自己教學理念的特色。

　　有些大學教師跟我說他們非教育領域的學者，文獻探討對他們而言毫無頭緒。除了本書第六章的閱讀外，我仍建議教師把握「定義、內涵、相關研究」的三階段準則，嘗試寫寫看，初期嘗試時不需要多，但一定要有，因為這是產出教學方案和學習效應的邏輯系統。等到熟練之後，可以再以嚴謹的期刊論文或學術論述，統合分析，提出更具有創見的理念與方案進行教學實踐。

第三章

研究方法與設計

　　為什麼要寫研究方法與設計？大學教師要產出知識，且要令人信服，需要忠實地呈現知識探究的過程和準確的研究結果，除了可以提供其他教師複製研究過程得以產出類似的結果外，也是大學教師自我檢驗教學實踐結果的方法。

　　如果說文獻探討是形成教師教學理念的根基，研究方法與設計就是教師實踐教學作為與了解教學成果方法的說明。教師既然發展教學理念，也進行文獻探討，教學實踐與資料蒐集分析也要對照著先前理念和文獻探討後的結果。因此，本書建議，在書寫研究方法與設計時，可以把先前引用的文獻或歸納後的重點，摘要地呈現在段落的起頭，之後再書寫研究方法相關的內容，或者文獻重點與研究方法的說明交換輪流出現。

　　在一般的研究計畫或報告，研究方法與設計需要寫兩個部分，分別是：1. 研究情境與相關資訊、2. 資料蒐集與分析的方法與歷程。然而，教學實踐研究比其他的教育科學研究還多了一項內容：「教學方法與流程」，亦即包含教學目標、教學階段、教學評量，以及它們的相互對照，而教學實踐研究是以某一教學理念與其教學方案驅使教學方法與流程應比其他內容更早出現。因此，研究方法與設計需要包含 1. 教學研究架構（課程內容與教學目標、教學方法、教學評量）、2. 研究情境與相關資訊（教學研究場域、研究對象、相關設備與資料）、3. 研究工具與資料

分析（關於學習成效之評量工具設計與分析、關於學生心理知覺的研究工具設計與分析）。大學教師也可以因應自己課程與研究的論述細節，再將三個部分內容轉變成五或六個要點書寫。

第一節　教學研究架構

在寫教學研究架構前，建議教師先在研究方法與設計的起頭簡略介紹或摘要研究方法與設計，通常會先寫研究目的，再寫為了達到研究目的要進行的課程以及要蒐集的資料，也可以在過程中或段落末端描述研究方法。因每個研究方法都有其資料蒐集與分析的技術結構，寫出研究方法可以讓讀者或審查者一下子就知道這個研究會怎麼進行資料蒐集與分析。

例如：「本研究將以質性研究方法……」、「本研究以準實驗研究設計……」、「本研究以混合方法研究……」，這些語句可以清楚地表示此研究會採用的資料蒐集與分析的技術。

> 本研究目的在於探討本研究所設計的師培課程在師資生批判思考上的效應，進而確認此課程設計的可行性，為達研究目的，根據文獻探討的關鍵要點，本研究選取師培課程中的一門「課程發展與設計」進行教學實踐。……本研究採用準實驗研究法之不等組前後測設計，選取一所師資培育之大學中修習「課程發展與設計」的兩個班級學生，一班為實驗組、一班為對照組。實驗組參與批判思考的線上非同步之混成教學活動，對照組則在實體教室以小組對話方式進行，除此之外，兩組的課程內容和討論議題均一樣……

課程內容與教學目標

　　每一個教學方案一定包含需要的課程內容，在教學實踐研究中，課程內容可以被認定為教材內容（部分學者認為課程包含正式、非正式與潛在課程的內容，泛指學生所經驗的一切；本書則把課程內容視為教材內容，是指學生在教師引導下的學習內容）。既是學習內容，即是指學生在學習之後要學會或具備的「知識、能力或情意態度」，也可能是具有學習階層且需要有學習先後順序的「基礎知能、高層次知識，以及核心素養」。

　　教師可以簡略提及曾在文獻探討指涉的課程內容各要素，再將每一區塊的內容要素依其所屬的認知、技能與情意領域，發展成教學目標。教學目標的典型寫法是「學習表現」＋「學習內容」，有動詞＋名詞的樣貌。教學目標的寫法之細部說明可參閱我另一本專書，由五南圖書出版股份有限公司出版的《素養導向的教學理論與實務：教材分析、教學與評量設計》之第八章。以下提出一個實例說明從文獻連結到課程內容和教學目標的寫作。

　　根據文獻探討所得的結論：發展教學專業素養的師培課程內容應該與教育現場的情境問題相互連接思考，因此，本研究課程內容涉及 1. 到教育現場進行初步教學實踐與合作觀察，以及與教學問題相關的教學學理基礎，2. 透過上述的問題與教學知能的連結，並以素養導向的教學設計之四大原則，合作設計素養導向的教學活動（教案），3. 再藉以培養師資生教學問題解決的態度。上述課程內容包含認知、技能與情意等三個面向。因此，本課程之教學目標包含：1. 師資生能具備教育現場問題與其因應教育知能之連結實踐能力、

2.師資生能具備素養導向的教案設計能力、3.師資生
能具備教學問題解決的態度。

　　教學目標是指學生學習後，預期在某個學習內容上表現出某
種認知、技能或情意之某個層次的表現，亦即教學後教師要以某
個評量工具察覺其表現是否達到原有的預期（此預期即是教學目
標的程度）。因此，教學目標等同於評量目標；換句話說，教學
目標是什麼內容，就需要評量學生那個內容。

　　再者，如果教師難以評量學生在教學目標的表現，我建議教
師先修改教學目標，降低認知層次，甚至也要修改課程內容（學
習內容），若幾乎調整整個研究結構，教師得要謹慎思考整個教
學方案的調整。

　　教師在進行教學實踐與評量之後，要分析評量工具所蒐集來
的資料，若發現多數學生無法表現出教學目標的狀態，這也沒關
係，教師得要再透過其他工具（如觀察、訪談或問卷）察覺學生
的學習情形，再作解釋，教師得要真正地了解學生學習表現好或
不好的原因。

教學方法與流程

　　無論教師的教學方案是否針對教學方法進行創新的發展，
此部分都要寫出教學方法與教學流程，不過若是屬於創新教學方
法，建議教師在此部分先提文獻探討的結論，再提教學方法與流
程的具體內容。若是一般教學方法，為了讓審查者和讀者了解學
生學習成效何以產生，仍需要根據教學法的學理基礎寫出教學流
程或步驟。下面實例是該研究每一個單元進行的活動內容，包含
最初、評估、回應和最終。

本研究文獻提及，批判思考涉及認知理解、認知衝突和認知調整之歷程，在外在互動上，具有訊息接收、理解、對話和產出觀點的階段，本研究參考 Burkhalter（2016）提及的教室內之批判思考的教學活動流程（p. 18），除了小組成員安排外，其提出：建立自己的觀點（back up their opinions）、維護自己的論述（defend their reasoning）、評估他人（evaluate others）和重新評估自己的觀點（reevaluate their own）等四個階段……。本研究的批判思考之教學活動流程：（一）最初：閱讀題目資訊與產出自己最初的觀點；（二）評估：瀏覽與評估他人的觀點；（三）回應：回應他人對自己的觀點；（四）最終：再提出自己最終的觀點。

若一學期的課程內有階段性的教學活動，亦即每一個階段的主要教學活動不同，則再將每個大階段的流程寫出來。若此階段是來自文獻探討的結論或有文獻支持這些流程布局，寫出來更佳。如下列實例：

……教學實踐包含四個階段，第一階段是教學知能複習，修課師資生已經修習過教學基礎科目，此階段是複習課程與教學設計的知識；第二階段是到教育現場實踐教學之初步體驗與觀察，以及蒐集教學問題，亦即以情境問題為先，小組討論教學可能的問題與因應策略；第三階段是針對師資生所觀察與記錄的問題，指導師資生討論與小組合作發展可以解決先前問題的素養導向的教學活動設計，再回到教育現場實踐與觀察；第四階段則回到大學課程進行分享與省思。上述第二和

第三階段將重複三次，而合作是以個人分工整合小組
任務進行。

●教學評量

　　本節先前所述，教學目標等同於評量目標，因此，既然教師設定教學目標，就需要去評量學生表現，學生在這部分的表現通常涉及學期部分成績。有些大學教師提到為了鼓勵學生參與學習，會以 20% 或 30% 的比例獎勵出席課堂的學習。這不影響，也就是說，剩下的 70% 或 80% 的成績是來自於學習評量，我曾建議教師這樣想，把 70% 或 80% 當作 100% 的設計，獎勵出席是外加的 20% 或 30%，教師需要察覺教學所產出的學習表現是否具有學習成效，至於最後給學生加分與登記在教務系統的分數可以是另一回事。

　　有些教學實踐研究會把教學評量和教學方案寫在一起，另有些則置於研究工具中，為了和評量後的分析一起說明，本章則採用後者，一起在研究工具說明，請參閱本章的第三節。

●前三者的整合與對照

　　上述的課程內容、教學活動和評量設計是相互關聯的，因此，我建議教師可以用一個表格或一張圖示將這三者整合起來對照。或者採用結構圖，讓審查者和讀者知道整學期的課程內容、教學活動和評量設計。圖 3.1 是學習內容經過教學活動，學習者可以產出學習成果的示意圖。

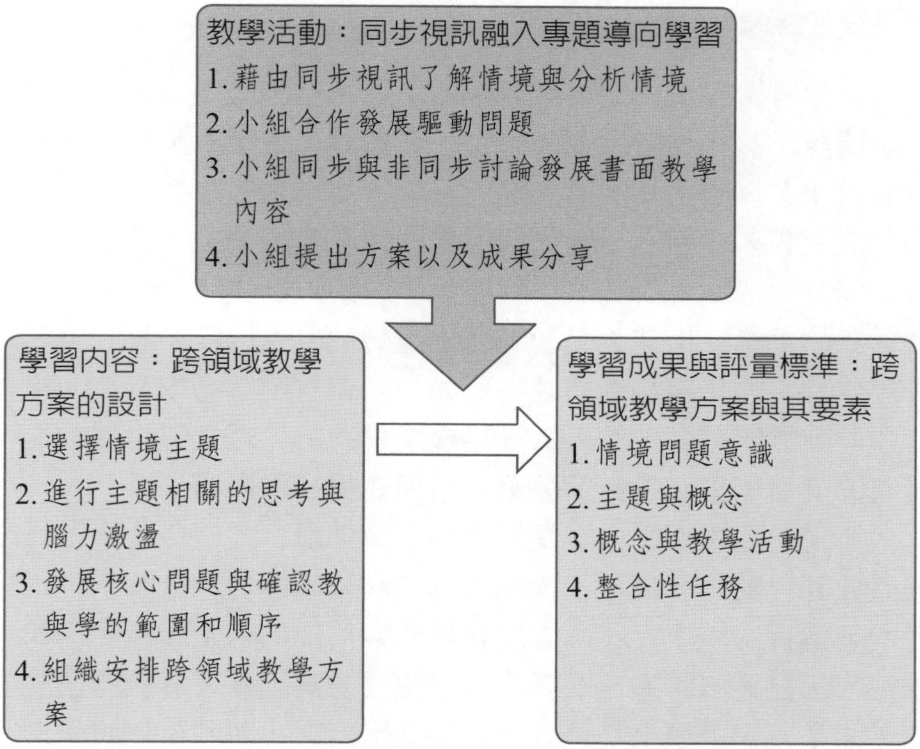

教學活動：同步視訊融入專題導向學習

1. 藉由同步視訊了解情境與分析情境
2. 小組合作發展驅動問題
3. 小組同步與非同步討論發展書面教學內容
4. 小組提出方案以及成果分享

學習內容：跨領域教學方案的設計

1. 選擇情境主題
2. 進行主題相關的思考與腦力激盪
3. 發展核心問題與確認教與學的範圍和順序
4. 組織安排跨領域教學方案

學習成果與評量標準：跨領域教學方案與其要素

1. 情境問題意識
2. 主題與概念
3. 概念與教學活動
4. 整合性任務

圖3.1 課程內容、教學活動和評量設計對照圖

第二節 研究情境與相關資訊

　　研究情境與其他相關資訊是指教學實踐研究進行時的人、事、物，除了本章第一節提到的課程與教學流程，以及第三節將提及的資料蒐集與分析的內容外，其他包含研究對象的屬性、協同指導教師參與情形和校外學習情境的選擇等，都需要在研究情境中清楚地說明。

● 研究對象與其先備知識

　　教學實踐研究一定要有教學的事實，基本上是一位大學教師開一門課，該課程有選課的學生，在其教學實踐中，藉由教材內容，教學者、學生及同儕間進行互動，而學生即是教學實踐研究的研究對象。也因為是某一個大學課程之選課學生，教學實踐研究不同於一般調查研究，不需要以推廣到母群體的想法，進行研究對象的抽樣。但若大學教師要挑選幾位學生進行訪談，可設定什麼條件下的學生接受訪談（例如：學習有困難的學生）。學生（預計或實際選課）的人數、年級、學系所，以及特定課程下可能有的參與對象，是此部分第一區塊要書寫的內容。

　　不過，更重要的內容是學生的先備知識、基礎條件或者是要修讀此課程前，已經具備或期待具備的基礎能力。教師們可以思考所要進行的教學實踐研究之課程內容需要的基礎知識，例如：學生大都已經修讀過什麼課程、學生需要具備什麼等級的語文能力。如果不知道學生是否具備這些基礎能力，教師可以將學期初對學生先備知識的施測活動以及後續的作為書寫出來；如果學生缺乏這些基礎能力，教師後續的課程因應也要進行描述。

　　許多教師會將選課的學生進行分組，分組的條件、同質或異質性分組的理由、小組要進行的任務名稱⋯⋯，本書建議只要沒有在上一節的教學活動和下一節的資料蒐集中提及的關於學生屬性或參與行為的內容，但與學習成效可能相關的學生特徵與屬性，都可以寫在這個區段中。

　　　選修此門課的師資生被要求需要先修習教育概論、教學原理與實務、測驗與評量，因此，修習本課程的學生幾乎是大學三年級以上的師資生，如此可以推論具

有教學基礎知能……本研究預估選課人數約 32 人，研
究者會將學生分成八組，每組預估 4 人，每一組配對一
個國中班級教師與學生，進行一學期的教案設計、教
學與觀課、議課與診斷等之任務。

特定學習情境的選擇

一般來說，教學實踐研究的場域通常在大學的課堂內，不
過如果課程安排學生到特殊教室、校外實作和訪查、線上或混成
教學等，有別於實體教室內的講述、互動與討論，教師就需要清
楚地描述教學實踐的情境。細節可包含時間和地點、業界教師或
輔導教師，以及在這些特定情境下，師生會進行的學習與互動行
為。例如：

本研究需要提供師資生協同探究教學實務的真實情
境，本校師資培育中心行政同仁將協助提供長期合作
的學校名單，與研究者共同討論後，協助邀請……獲
得學校與教師參與同意後；之後，再請該校教師提供師
資生可以進行教學實踐與觀察的班級和教學領域，作
為本研究教育現場端的研究情境。……本研究預計帶領
師資生到教育現場進行教學活動四次，該校輔導教師
會進行觀課，並在教學後給予師資生教學回饋與指導。

第三節　研究工具與資料分析

　　教師若沒有通過教學實踐研究計畫審查，而其審查意見若提及「如何蒐集與學生學習相關資料、蒐集後的資料如何分析以確認學生學習表現……未具體說明清楚」之內容，那即是教師在「研究工具與資料分析」的區塊內容上，寫得太簡略。根據我的經驗，多數申請者會把重點放在教學現場遭遇的困境，以及教學活動流程的設計上，卻在評量學生及蒐集學生心理知覺的細節上缺乏具體說明，有時候申請者只寫出「期中考、訪談作業……」，這會讓審查者立即想提問：期中考的目的為何？考試題目如何命題？與課程內容有何關係？題數與計分？如果只有提及作業或報告，審查者一樣會好奇：作業的目的與哪一個教學目標有關？作業如何評分？是否具有評分者信度？這些審查意見幾乎是造成研究計畫未通過的主要原因之一。

　　本書建議教師把每一項判定學生學習成效的評量工具，以及察覺學生學習心理知覺的研究工具，以 1. 工具名稱、2. 如何發展或編擬、3. 內含的題目或訪談內容、4. 如何計分、給分、5. 如何分析、6. 內容涉及工具的效度與信度，逐一或整合地描述。先前所提，如果研究工具缺乏效度與信度，蒐集的資料是不準確的，而其研究結果是無效的。

　　以下舉學習成就測驗、學習能力評量、任務型作業、量化問卷以及質性訪談題綱等工具為例，說明書寫的內容與重點。

●學習成就測驗

　　學習成就測驗是多數教師會採用的評量工具，亦即透過紙筆測驗察覺學生在與知識相關的內容之學習表現情形。也有教師採

用學習成就測驗當作基礎知識的檢測，特別是他們要帶領學生進行高層次任務的學習時，要先確認學生是否了解基礎知識或操作工具的使用原理。

學習成就測驗的編擬需要採用雙向細目分析表（參閱本書第七章第三節），雙向是指學習內容與學習表現，亦即不同的知識內容可能會有不同認知層次的表現。如果學習成就測驗只是高層次任務學習前的檢測，那認知表現層次可以僅在了解和應用層次；若學習成就測驗是總結性評量之一，那認知表現層次就要涉及低、中、高層次，多數題目會在中等認知層次，如此可以建立測驗的鑑別度，讓努力學習的學生獲得高分，不努力學習的學生僅是低分。

在書寫上，教師要先提及學習成就測驗的目的或為了確認達到哪一個教學目標；其次，題目如何編擬？有多少單元內容和各編擬多少題目？最好以雙向細目分析表呈現，也建議教師在撰寫計畫時可以提出幾個題目讓審查者察覺申請者已經具備學習成就測驗編擬的能力。若題目是根據學習單元數平均編擬，也能依其知識內容設計不同認知層次的題目，這已經具備學習成就測驗的內容效度。下列實例是將學習成就測驗當作基礎知識的檢測。

　　……學習成就測驗在第 6 週施測，目的在於檢測師資生進行跨領域教學方案實作前是否具備跨領域教學的基礎知識。本研究以雙向細目分析表設計評量目標，在雙向細目分析表的學習內容上，以前 5 週實體課程所學習的「跨領域教學的理論、概念、類型、作法、時機」等五個主題內容，各設計兩題選擇題，每題 10 分，總分 100 分；在雙向細目分析表的學習表現上，由於此工具僅在於確認師資生對跨領域教學方案的基礎知識，

因此，均以學習目標的「了解」和「應用」之認知層次進行題目的編擬。

之後，再說明學習成就測驗的計分準則，以及計分後對學習成效的解釋。下列實例是教學實踐研究過後，寫成論文時學習成就測驗的計分與解釋。

……第 6 週學習成就測驗施測結果為：100 分有 8 人、90 分有 5 人、80 分有 1 人，亦即所有師資生在學習成就測驗上均達 80 分以上。（或在計畫內容中寫：當學習成就測驗分數達 80 分以上）根據 Guskey（1985）對於精熟標準的定義，是為熟悉教材的 80% 到 90%，藉此可以確認師資生在以專題導向學習策略發展跨領域教學方案之前，對跨領域教學相關的定義、概念與內容已具備基礎知識，也因為師資生具有精熟的程度，可以推估每個人的基礎知識不會影響小組合作學習的運作。

有些教師會想要進行學習成就測驗的前後測，分析前後差異以確定教學方案的成效，這相當不容易。若相同一份知識測驗進行前測、後測，學生會有記憶效應，若教師拿職業考試的題庫題目當作前後測的題目，雖然前測和後測的題目不同，仍涉及難度與鑑別度上的質疑。另有些教師是以非教學實踐研究的對象班級但課程類似的班級進行教學並且施測學習成就測驗，以選取難度適中且鑑別度高的題目，以建立測驗，這比較可行一些，但教師還要說明學習成就測驗的施測對象與課程相關的屬性。

要用兩次學習成就測驗的比較確認學生的學習成效會有許

多因素要考慮，本書建議教師可以將學習成就測驗當作是評量工作的一種，再與其他的工具（例如：作業或任務等其他學習表現的分數）相互對照比較即可。教學實踐研究的對象是學生，既是學生便無法完全用實驗控制的方式進行研究，而多元多次資料的比較，可以解決學習成就測驗解釋學習成效的問題。

　　在書寫上，歸納上述，教師可以在研究工具的區塊內容中提及1.學習成就測驗的目的（確認基礎知識、整體學習成效）；2.提出課程重點知識，並提出該雙向細目分析表，再說明設計的原因；3.說明計分與測驗的時機；4.測驗之後要如何解釋，與學習成效或其他工具的關係。

● 學習能力的評量

　　學習能力的評量之目的不在於提升學生在學習內容上的知識理解表現，而是藉由課程內容的學習，期待可以提升某些認知能力，簡單來說，這種能力的評量很難透過時間限制下的紙筆測驗方式得知。例如：藉由課程內容的討論，提升學生的批判思考、創造思考能力。如果是這類型的評量，沒有記憶效應的疑慮，就可以用前測、後測的方式進行檢驗。

　　因為這些評量是培養學生認知能力之用，認知能力有高、有低，高、低的認知能力轉化為評量的選項，是屬於一種次序變項的測驗，因此，這類型的題目沒有正確答案，只有選項代表的能力層級的變化。

　　學習能力的題目編擬要有文獻觀點支持，在編擬題目時也要提及編擬的參考來源。有些教師採用他人測驗進行修改，雖可以，但仍需要寫出他人的工具為何適用於自己研究的理由。另外，建議教師在申請研究計畫時，嘗試編擬至少一個題目，並且

說明編擬的文獻、參考來源、解釋選項和計分方式，再提及效度與信度的處理。寫作時可以參考下列實例。

> 本研究根據上述原則選取課程內的關鍵內容，再採用黃嘉雄（2000）在課程轉化之文化取材的觀點，發展教育議題。例如：在第一次教育議題的選擇與設計上，原有教材內容是第二階段「課程設計」的「課程目標」，本研究即思考當前臺灣文化中，一般人對於學習課程內容的目標是升學考試，還是培養未來面對挑戰的生活能力？這具有不同的觀點或立場，適合作為批判思考對話的議題。……本研究編擬每週的討論議題後，邀請 3 位均是教育相關領域博士，且具有在課堂中帶領師資生討論社會議題之經驗的專家學者（同事），以「真實情境、多元思考、發展觀點」為準則，共同檢核議題……

在效度與信度處理上，除了貼近文獻所提的定義與焦點外，可以邀請幾位專家或同事幫忙檢視題目，檢視題目前務必說明自己的研究理念與文獻觀點。通常專家或同事會給些意見，不過專家的建議是給研究教師省思，並非要研究教師遵循不可，研究者自己要省思專家的建議，適度調整、刪減或補充測驗的內容。

另外，有些教師還將學習能力編成類似選擇題的測驗（不過沒有正確答案，只有等級之分），或者是購買出版社已經發展且經過效度與信度考驗的能力測驗，不管自編或採用，本書建議可以將前測和後測的資料進行項目分析、相關分析，再計算內部一致性信度。若兩份測驗均達到顯著水準，表示這些測驗是可用

的，但本書仍建議再與其他的工具一起解釋研究發現。寫作參考實例如下。

　　……本研究將實驗組前後測分數進行項目分析，作為該題的鑑別度之依據，前測分數的各題之 t 值介於 2.25 至 4.04 之間（p < .05），後測分數的各題之 t 值介於 2.24 至 4.24 之間（p < .05），亦即每個測驗題目均具有批判思考的鑑別力。本研究再計算每個題項與總分之相關，前後測每題項之相關係數均大於 .4（p < .05），而計算其內部一致性信度，前測之信度係數為 .735，後測之信度係數為 .706。由此得知，本研究之批判思考能力應用測驗具有合宜的效度與信度……

　　在書寫上，教師可以在研究工具的區塊內容中提及 1. 學習能力測驗的目的、2. 學習能力題目的編擬、3. 說明蒐集資料的時間、4. 說明計分的方法、5. 效度與信度的處理、6. 計分後如何解釋，以及與學習成效或其他工具的關係。

●任務型作業

　　任務型作業或小組共同完成任務是大學教師經常使用的評量方式，有個人作業、有小組作業、有小單元附帶，也有整學期的總結表現任務。教師提出任務型作業時要有教材內容的對照，無論是學習前的預習或充實自我知能，還是學習後應該有的表現，一定和教材內容或教學目標有關聯。這些內容可以在說明任務編擬前先作說明。而屬於質性文字內容的資料分析，可以採用內容分析法，這部分請參閱本書第八章第三節。

1. 小組任務型作業

　　寫作時，要寫出教學目標、評量時機。本書也建議，教師需要在實際教學中解釋任務型作業的內容細節，而這些細節也可以寫出來。實例如下：

> 本研究教學目標之一是學生能編擬跨領域教學方案……第二階段是第 7-15 週，是小組跨領域教學方案的實作時間。在此階段，師資生於課堂學習中接受研究者的引導與階段任務說明（約一節課時間），之後自主性地以專題導向學習為策略進行學習，包含小組討論及與專家教師進行諮詢與線上討論。

　　另外，除了任務型作業的使用時機，教師需要將任務型作業的評分方式書寫出來，若能引用相關文獻觀點支持更好。任務型作業的評分通常都有評分標準表（請自行查閱本書附錄的文章內容），但這涉及三個問題：根據什麼評分、誰來評分、評分差異大時怎麼辦？

　　因此，教師得要從任務型作業的內容思考，期待學生在任務型作業中有哪些表現標準？例如：知識的準確性與豐富性、行為動作的流暢性、各種因素都考慮的精密性或者是小組成員的合作互動……，本書建議教師可以從教學目標，以及此門課想要形塑學生什麼樣的素養為方向進行思考。

　　師資生所發展的「跨領域教學方案」作業需要評分，本研究根據評分標準表（rubric）發展其原則，包含：1. 找出評分內容的關鍵「向度」；2. 以「級分」來區分作業行為表現的內容多寡。在向度方面，根據 Drake 與 Burns（2004）的觀點，跨領域教學方案包含情境問題意識、主題與概念、概念與教學活動，以

及整合性任務等四個面向，因此，評分標準表的向度是以此四個面向為主；在級分方面，把表現內容最豐富的列為最高分 5 分，再以 5 分的表現之八成程度的表現列為 4 分，以此類推。

設計之後，教師可以邀請同儕教師、業界人士或者具有任務型作業專長的人協助評分，教師要把這些人的專長或者為何有能力成為評分者的理由寫出來。再者，可以邀請 2 位，也可以多位，研究者可以是其一評分者，也可以僅是評分組的召集人。若是靜態書面作業，可以用書面並給予評分者長時間檢視；但若是動態作業，就可能需要邀請評分者同時出現在某個教室一起檢視。

然而，為求評分者的評分之一致性，教師需要做到兩件事。其一，對評分者進行訓練，書面和影片方式均可，同步和非同步進行也可。通常在說明與解釋評分向度與級分之後，會以某個作業為例，嘗試評分後再討論其細節的判斷準則。其二，教師需要將多位評分者的分數進行評分者信度的檢視，評分者信度是以名次進行相關分析，不是以原始分數，統計分析方法可以查閱其他統計相關書籍。下列實例特別聚焦在如何評分與評分者信度的寫法。

> ……而學習歷程檔案的評分是由我和 6 位中學教師分別評分，先針對各組師資生的學習歷程檔案依照評分標準表給予等級分數，並進行評分者信度之考驗，Kendall's W 係數值高於 .7，且卡方值均達 .05 的顯著水準，即顯示評分具有一致性，亦即該小組的學習歷程檔案之評分具有評分者信度；若低於 .7，則所有評分者針對評分差異過大的學習歷程檔案進行討論與再評分……

當作業的評分達到一致性的程度，表示評分是有效的，改採原始分數進行計算與平均。在解釋上，因為評分標準表內已經有各個級分的表現特徵，教師可以把分數對照表現特徵，提出學生表現已達到的程度，此即為任務型作業的表現成果。通常評分標準表有五級分，第四級分即是精熟，亦即若學生平均分數達此程度，表示學生表現符合教學目標的程度，可以宣稱學習具有成效。

2. 小單元多次的個人任務型作業

若是每個或兩三個單元後的個人作業，就會有多次的測驗，這些測驗可以進行多次的比較，這也是一種前後測的比較。教師需要寫出個人任務型作業的表現時機、次數、學生表現資料的蒐集與分析等內容。由於學生表現是屬於質性文字內容，非有標準答案，因此，先前提到的邀請評分者與計算評分者信度都需要採用。下列的實例是已經完成教學實踐的研究報告，教師在寫計畫階段可以先行忽略最後兩段或以預期作法的語句書寫。

……第 8 週起至第 15 週共八週，配合「課程發展與設計」的教材單元內容，每週進行一個單元教學，並發布對照該單元內容的議題，師資生需於課後上網進行非同步互動……

……本研究蒐集每一位師資生在每個議題回應的「最初」和「最終」之語句，再進一步以評分標準表進行分析與評分。換句話說，從第 8 週至第 15 週共有八次的「最初」和「最終」分數，前後比較差異以解釋師資生批判思考表現的改變情形。本研究再根據先前文獻探討中 Barron（2020）提出的批判思考表現的四個等級，

設計批判思考能力之評分標準表……

……聘請 3 位曾接受批判思考能力訓練的中文系研究生，……以第 8 週的訓練內容進行評分練習……；之後，3 位評分者分別針對師資生在「最初」與「最終」的文字內容進行評分，並進行評分者信度之考驗。

……本研究在分析評分後發現有三題具有過大的評分差異，研究者和 3 位評分者分別說明對評分標準和語句內容的看法，最後再請 3 位評分者重新評分，最終達到評分一致性。實驗組共有 31 位學生全程參與，每位學生共有八次、每次均有「最初」與「最終」的內容，亦即共有 496 份語句進行分析。本研究計算評分者信度……。

……顯示所有題目的評分一致性之 Kendall's W 係數值均高於 .7，且卡方值均達 .05 顯著水準，由此得知 3 位評分者在每個題目上的評分具有一致性，亦即具有評分者信度，可以進一步進行各題目分數的比較。

若小單元多次的個人任務型作業具有評分者信度，就可以統計分數以進行前後比較。建議教師可以繪製統計圖表，實例如圖 3.2，能更清楚地呈現每一次的前後變化。之後，再藉由每一次的前後測差異，以及多次的比較，解釋認知能力的表現與提升情形。

書寫上，建議在研究工具的區塊內容中提及 1. 任務型作業的目的（對照教學目標）、2. 摘要文獻及課程重點知識，並提出該任務型作業涉及面向的定義、3. 每個面向即是一個表現標準，提出評分標準表（評分向度、級分與細格說明，但評分向度可以比表現標準多，因可能需要統合表現）、4. 對小組或個人評分、

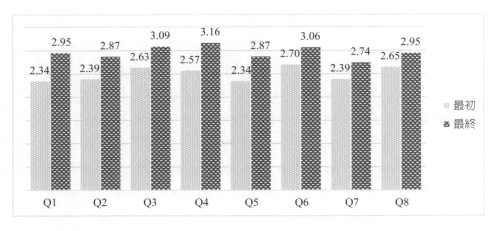

圖3.2　學生的批判思考能力表現各單元前後測統計圖

5. 評分的時機、時間與方式（例如：協同評分者）、6. 評分計算，包含評分者信度及平均計算，也要說明。

量化問卷

　　教學實踐研究不是對一群廣泛的大眾進行調查研究，除了先前提及不會有抽樣的問題外，量化問卷的目的在於了解學生對教學方案與教學活動的心理知覺，問卷分析的結果是對教學方案與教學活動進行解釋，不需要對類似的課程或對象進行推論。

　　部分教師選擇或購買出版社已經發展且經過效度與信度考驗的測驗或問卷，教師得要檢視學生在每個題目的反應是否可以來自教學實踐研究的教學方案，如此才能將問卷分析結果視為學習效應，並進一步解釋教學方案，換句話說，如果填寫問卷時，填寫者是以其他經驗反應於該題目上，該問卷題目就不適合採用或需要進行修改。

　　書寫上，關於問卷設計的內容，本書建議至少要寫到：1. 問

卷使用的目的；2.從文獻中略提問卷所指涉的心理知覺之定義
（例如：參與知覺問卷、學習態度）；3.該心理知覺的面向與
定義、題數與計分；4.從面向的定義編擬一兩題；5.請專家檢
視以及後續的修改與調整；6.視需要進行項目分析與相關分析，
以及提出問卷的信度；7.施測時間與方式；8.（預計如何）解釋
學習效應的內容。寫作參考實例如下：

> 參與知覺問卷的目的，是爲了蒐集師資生於學習過程
> 中的表現知覺之量化資料。本研究參考 Newmann 等
> 人（1992）以及 Fredricks 等人（2004）之學習參與的
> 觀點，將參與知覺分爲認知功能、投入行爲、情意態
> 度。認知功能是指專題學習的理解知覺，投入行爲是
> 指專題學習中的學習行爲，而情意態度部分則是小組
> 合作的態度，本研究針對每一個面向發展五個題目，
> 共編擬 15 題，在第 18 週施測。
> ……問卷發展後，邀請先前提及的 3 位同事分別針對
> 「三個面向的定義與其題目內容」，以及「題目內容與
> 專題學習過程」的對照，進行檢視。調整部分字句後，
> 成爲正式問卷，施測後信度爲 .863，最後一併和焦點
> 團體訪談資料進行相互檢證，亦即融合研究方法應用。

　　一些教師有兩個班級並以準實驗研究法設計研究，再以心理
知覺問卷進行兩組前後測比較或者僅後測比較，若要如此做，就
需要把兩個班級的學生特質、課程內容與教學活動等影響實驗設
計的要素說明清楚，這是解釋學習效應效果的重要資料。

　　不過，多數教師沒有兩個相同課程的班級，僅有一個班級
進行教學實踐，與其思考找其他的學生進行兩組實驗設計，不如

多思考其他的資料（如學習成就測驗、質性訪談、作業內容分析等）進行對照比較。亦即可以將心理知覺的內涵同時設計於問卷題目與訪談大綱（題目不一樣，質性資料是呈現經驗），分析結果後再相互比較對照，一起解釋學習效應。

　　若只有一次施測，因沒有差異性考驗，在分析結果的資料呈現可以採用百分比或統計圖表呈現。

● 質性訪談題綱

　　對學生訪談蒐集質性資料也是教學實踐研究時常用的研究工具，特別適用於選課學生不多。不過，質性資料的蒐集與採用，學生人數不是主要的考慮因素，而是教師想要了解學生更深層的心理知覺。

　　書寫上，訪談題綱的設計如同問卷題目，在寫作時要寫到：1.訪談的目的；2.從文獻中略提問卷所指涉的心理知覺之定義（例如：參與知覺問卷、學習態度）；3.該心理知覺的面向與定義、題數；4.從面向的定義編擬一兩題；5.請專家檢視以及後續的修改與調整；6.訪談時間與方式；7.（預計如何）資料分析與解釋學習效應的內容。

　　訪談的目的在於蒐集學生的參與學習的知覺……。Newmann, Wehlage 與 Lamborn（1992）把學習參與定義成學生為了學習某項知識或技能，所做的心理投資（investment）及努力。Fredrick 等人（2004）在整合相關文獻後，將學習參與以更有意義的方式歸納出三種要素，包含：行為、情感以及認知參與。行為是指學生積極主動的行為；情感是指學生在課堂上所出現的各

種情緒反應，這當中包含了正向與負向的情感，例如：
感興趣、無聊、高興、悲傷或焦慮等；而認知則是學生
學習策略的運用，以及自我調節的能力。

在題目編擬上，行為面向的題目編擬舉例如下：

1.（行為）你在學習過程中，你做了哪些事？

2.（情感）你在學習過程中，你的心情為何？

3.（認知）當你無法理解教材內容時，你怎麼辦？

訪談大綱編擬後，邀請 3 位同事一起討論題目的合適
性……交換意見，逐步修改題目，一直到獲得共識。
訪談時間是在……，挑選學習成績低於 PR35（具有學
習困難）的學生進行訪談。訪談資料的分析採用轉譯逐
字稿……最終再以主題與其細節實例呈現與討論……

而屬於質性文字內容的資料分析，可以採用主題分析法和內
容分析法，這部分請分別參閱本書第八章第一節和第三節。

⬤ 小結

研究方法與設計的內容聚焦在教學方案的實踐說明，以及學
習效應的資料蒐集與分析，也是產出研究結果和提出研究省思最
關鍵的過程。

包含課程內容、教學活動與評量設計的教學方案，要能清楚
地、具有階段流程地與系統化地呈現出來，除了要有文獻觀點或
學理基礎支持外，教師要思考哪些學習內容或哪些教學活動可以
讓學生產生學習效應。

另外，關於學生學習成績的各種評量工具，以及非關於學生
成績的心理知覺之研究工具設計上，效度與信度的處理要書寫出

來，效度與信度的確認請參閱本書第七章。效度是準確地蒐集到真實需要的資料，例如：問卷題目符合定義；而信度是指多次、多方、多人等資料的一致性，例如：多人評分的一致性，或者是質性資料與量化資料的結果之一致性。當採用具有效度與信度的工具蒐集資料時，資料結果就可以解釋教學方案的成效，以及其學習效應。

根據我的經驗，申請教學實踐研究計畫而未通過審查的教師在此章節的寫作內容太過於簡單。本書建議，書寫時務必詳細，至少占總限制頁數的四分之一。雖然這不是個審查準則，但寫不到那麼多，就很有可能不夠具體與詳細。

第四章

研究討論與結論

在此章內容閱讀之前，本書需要先提及論文格式上的些許差異。有些期刊規範——「先提出結論，再進行討論」，也有些原因是論文本身就具有這種特性。通常是研究變項相當具體的研究設計，探討科學上的重要現象，此重要現象即是研究結論，會先呈現結論再討論，自然科學領域的學術論文多屬之；另外，有些論文屬於有了資料分析結果，再討論會有此結果的原因或相關因素，之後確認什麼是關鍵要素，而在結論時以關鍵要素為基礎，提出實務上可以怎麼做，有點把結論帶走並應用於其他情境上的意涵。若是如此，就需要先有結果與討論，之後再寫結論，社會科學領域的學術論文多屬之。

這部分的內容涉及研究資料分析的結果、解釋研究結果的意義，也藉由大學教師對課程與教學知識的提煉，體現知識生產者的角色。更進一步地，提出新知識的應用，也可以省思未來的教學研究之方向。研究討論若寫得太過於表面或簡略，論文被拒絕的機率會很大。

在寫教學實踐研究的研究發現與討論之內容時，「自我建構教學實務知識」是需要彰顯出來的。「教學實務知識」是指大學教師在其心智中存有的課程、教學與評量相關的實務知識，此知識指引著大學教師設計教學方案的內容；若大學教師具有豐富的教學實務知識，當面對不同的教學情境、學生表現或其他教學突發狀況時，便可以發展與處理得宜。教學實務知識不同於教學理

論知識，教學實務知識是將課程與教學理論經由情境因素進行轉化，進而形成可在教學情境中實踐的知識，不過，這些可用的實踐知識不一定完全適合自己的教學情境，因此，需要透過實踐與省思各種學習表現成果的歷程，自我調整與重建，這也是「自我建構」的意義。

整體來說，此章節的書寫重點具有嚴謹的邏輯與系統性，亦即從 1. 資料分析的結果去發現實際發生的現象；2. 藉由學理基礎或文獻觀點的討論去解釋此現象發生的因果或相對應的關係；3. 再與原有的教學實務知識對照，進行比較與自我省思，提出自己可以調整的教學實務知識，甚至建構出一個比以前更好的教學方案模式，再分享給其他的學者或同事。

為了呈現上述提及的邏輯系統，這部分的內容就要寫出資料分析的結果，不過，本書建議可以先以一段文字說明資料分析的摘要過程，也可以簡要地說明教學實踐流程，之後，再將主要的研究發現寫成標題文字，也可以用一兩句話簡單地介紹研究發現。

　　本研究以「批判思考之評分標準表」評分實驗組師資生在「最初」與「最終」的語句，確認其批判思考能力的等級變化，再以「批判思考能力的應用測驗」分析實驗組與對照組之前後測的差異；綜合兩者，本研究確認批判思考教學活動的成效，再討論與確認本研究課程設計的合宜性。

第一節 分析資料與研究發現

有些領域學門會將資料分析的結果寫在研究論文第三章研究方法與設計中，亦即該研究如何資料分析與分析的結果都寫在同一個章節內，而第三章的大標題就只有「研究方法」；有些論文則另闢章節，亦即資料分析的方法和其結果分開書寫。以教學實踐研究的自我建構教學實務知識之理念而言，要論述教學實務知識的提煉情形，可以從資料分析結果開始論述起。因此，本書建議資料分析方法及資料分析結果分開書寫，亦即在論文的研究結果與發現中提及資料分析結果，之後，逐漸啟動教學實務知識建構的價值。

呈現資料分析的結果

圖或表是此區段可以運用的技術，可能讓論文審查者和讀者很快地知道研究發現，不需要在複雜的文字中找尋資料。不過，也不能一開始就出現圖或表，本書建議要在此區段呈現資料分析的結果，有三個步驟可以參考：1. 說明形成圖或表的過程、2. 呈現圖或表、3. 簡要說明圖或表的意義。寫作如下列實例：

> 本研究主要以焦點團體訪談蒐集師資生學習過程的知覺，以及遭遇的困難資料，師資生回應內容涉及同步視訊融入專題導向學習於跨領域教學方案設計的認知、行為和情意之混合知覺，焦點團體訪談的內容分析情形整理如表 3 所示。
> （呈現表 3）
> ……根據表 3 焦點團體訪談的資料分析，在專題導向學

習初期，師資生持有「願意接受挑戰，卻感覺到很抽象」的知覺。……然而，於接受訪談時卻提出這些跨領域教學方案的可行性不高……

在簡要說明圖或表的內容意義時，不要重複圖、表內的所有數字或資訊，而是把重要的數字或資訊提列出來後，寫出這些數字或資訊的意義。如下列實例中黑體字的句段。

……在參與知覺問卷之分析方面，於功能認知上，有 85.6% 的人勾選「同意」以上；在投入行為上，有 92.9% 勾選「同意」以上；在小組合作態度上，有 85.7% 勾選「同意」以上，如表 4 所示。**此即表示，有八成以上的師資生認為在學習後對專題導向學習的理解知覺、積極投入學習的行為，以及對小組合作的態度均有屬於「同意」以上的知覺。**

根據我的經驗，有些論文所呈現的圖、表欠缺關鍵資料或過於複雜，導致使用的圖、表仍然無法貼近實際的資料分析結果。例如：學生參與知覺之問卷有三個向度，每個向度有五個題目，因參與知覺與其三個向度內涵是根據文獻上的定義，因此，不能只呈現十五個題目的數據，而是要將三個向度的平均分數特別提列出來。

多數期刊有字數限制，甚至會提醒作者，一個表格的篇幅就等同於 500 個字，表格列入字數計算。若作者被要求字數限制，卻被審查者認為描述不夠具體，我的經驗是可以提取一個關鍵例子，其餘再補充於後，例如：下面圖示是關於師資生對輔導教師提問問題的分析，論文已經發表在 *Innovations in Education and*

Teaching International 期刊。研究論文提及師資生對輔導教師提出許多問題，這些問題經過分析，可以歸納成五個類別，每一個類別舉出一個問題實例，其餘就簡要說明（Liu, 2021），如表4.1 內的粗體字。全文請讀者自行查閱該期刊網站。

表4.1 Sources that elicited questions posed by mentees.

Category	Interviewees' descriptions and similar topics discussed
Early experiences as young students	"In my early teens, I sometimes felt that my teacher did not want to address the students with problematic behavior." (Mentee 3) **Other experiences included teacher–parent conflicts and cheating on tests.**
Current experiences from tutoring, cram-school teaching, or participating in practical courses	"I am inclined to provide my students with rewards to encourage them to finish homework quickly. However, this measure did not seem to be effective." (Mentee 5) **Other experiences included resistance from students, classroom management, and interest in learning.**
Doubts from teacher education courses	"I did not believe that innovative curriculum ideas could be sufficiently implemented." (Mentee 1) **Other doubts included differentiated instructions and reducing paper-and-pencil homework.**
Curiosity stimulated from news or social media	"I have heard that many teachers actively participate in workshops for professional development." (Mentee 1) **Other curiosities included administrative workload, innovative teaching methods, and learning portfolios.**

表4.1　Sources that elicited questions posed by mentees.（續）

Category	Interviewees' descriptions and similar topics discussed
Anxiety regarding future challenges	"I did not know how to prepare to be a novice teacher who has good relationships with other faculty members." (Mentee 9) **Other anxieties included preparing for teacher recruitment examinations and field-based experiences.**

● 組織資料分析的結果

　　教學實踐研究之其中一個研究目的是回饋到教學方案的「整體思考」，也就是不能以單一研究工具蒐集來的資料分析結果論定教學方案的價值。除了多元資料相互檢證的研究信度之要求外，大學教師也要能藉由多方資料找出教學方案具有價值之要素，或者是分析學生學習困難之主要原因。雖然這些解釋在研究討論之處才會去論述，但在資料分析結果的內容中，教師可以將多元資料之分析結果組織起來，可能形成一種資料間的關係，如此就可以在後續的區段中轉寫成研究發現。下列實例中，第一段寫出兩個資料分析結果，第二段提出研究發現，如黑體字。

　　根據表 3 焦點團體訪談的資料分析……在專題導向學習末期，**他們已經了解專題導向學習的目的、概念與歷程**……在參與知覺問卷之分析……如表 4 所示。此即表示，**有八成以上的師資生**……**均有屬於「同意」以上的知覺**……。

綜合而言，師資生經過一學期的課程、專家諮詢、小組合作等過程，已對專題導向學習有所了解，也表現在跨領域教學方案的作業上；再從焦點團體訪談和參與知覺問卷的分析，確認師資生在視訊融入專題導向學習的認知功能、投入行為和小組合作態度上，均有正向的知覺。以此而言，**師資生在同步視訊融入專題導向學習進行跨領域教學方案的實作已有學習成效。**

第二節 研究討論與現象解釋

研究討論是論述研究發現的原因或關鍵要素，不過，教師們也不可以誤判，在思考現象的原因或關鍵要素時，可以引用學理基礎或重要文獻觀點去對照比較，進而提出解釋。根據我的經驗，這部分內容幾乎是審查者在考慮投稿論文是否接受或拒絕之重要參考來源。

● 先提及研究結果

教師可以將先前資料分析的結果在此區段內提列出來，以便後續依循著這個研究結果進行討論。寫作實例如下：

本研究發現實驗組參與者在教育議題的批判思考能力表現上有正向改變，其批判思考能力從「發展」與「熟練」等級之間，趨向於「熟練」與「高階」等級之間，而在批判思考測驗分數上，也有顯著提升，也明顯地比對照組好。

解釋單一研究結果

　　多數教師可能覺得這部分不容易寫，原因多是欠缺充分的文獻探討。文獻探討要有教學方案與學習效應的定義、內涵和相關研究之內容。定義可以去解釋數字或質性資料的概念，例如：當數字分析結果是 4.2 分／5 分，再加上 4 分指出的是「精熟」程度的文獻引用，即可以解釋數字達到 4 分是表示學生已有精熟的學習表現。

　　下列寫作實例第一句段是先提及文獻上的定義，之後解釋研究結果，亦即以文獻解釋研究結果。

（接上一個實例）

「發展」等級的關鍵重點在於理解討論議題且能引用一些示例證據，「熟練」則能進一步分析且提出合理的推論，而「高階」則是以證據評估並且提出另類看法。從實驗組參與者的批判思考能力提升而言，亦即他們多數從僅引用示例證據，發展為情境分析與合理推論，亦可從表 5 察覺參與者從「引用示例」到「分析推論」，以及從「分析推論」到「提出另類看法」……（各個數字資料的定義與連結解釋）

可連結多個分析結果形成研究發現

　　雖然先前提及的單一資料分析的結果，在深入了解原因或引用文獻觀點驗證後，也可以成為研究發現，但如果有多個資料分析結果進行比較，也就是說將資料分析結果先以上一個節點「解釋單一研究結果」所提的方式解釋，再連結起來，更可以形成具

有因果、依賴、統合與相異關係上的研究發現，這種研究發現將會比單一資料分析結果的研究發現更有價值，但需要更謹慎地處理兩個研究結果的關係建立之歷程。若要從比較多個資料分析結果進而建構出具有關係的研究發現，文獻探討可以提供教師深厚的基礎知識。下列寫作實例的第一句段再提及另一個研究結果與解釋（請讀者將本節的寫作實例連結參考），最後一個句段即是連結多個研究結果形成的研究發現。

> （接上一個實例）
> ……再從參與者的「最終」欄位中提及，「看完了別人的觀點的確讓我思考到了我沒注意到的地方」和「看完了大家的意見，我的想法不變但多了一些可以嘗試用來改善的方法」……並從每位發言均有兩到三位小組成員給「評估」和之後的「回應」等資料相互檢證，顯示本研究參與者在互動中，藉由別人的觀點刺激自己的思考，進而在最終階段調整或擴大自己的觀點……

● 以文獻驗證研究發現

先寫產出該研究發現的教學活動，再寫出研究發現，之後再引用相關研究的文獻對照比較，提出此教學方案經過實踐與資料分析結果的驗證，具有在自己教學情境實踐的合理性。

> ……在混成學習的教學活動上，本研究以認知衝突刺激批判思考為基礎（Posner et al., 1982），再參考Burkhalter（2016）提及教室內之批判思考的教學活動

流程發展包含「最初、評估、回應和最終」四個階段的活動，而本研究……發現……。上述這些發現如同 Brookfield（2012）的觀點，學習者從不同的觀點省思自己與產出自己的觀點，也就因此補充支持自己的論述。……

● 與文獻對照後發現不一致時的解釋

不過，不一定所有研究發現都有正向的研究結果，可能部分不符合教師在此教學實踐研究之理念上的期待，也可能與先前的文獻結果不同。教師只要解釋原因即可。例如：當發現學生的作業表現沒有達到預期的精熟程度，訪談資料顯示多數學生雖然上課時能理解教師所說的每一句話，但表示作業太難，這可以解釋成學生具有基礎知能，但基礎知能與作業在認知處理上落差太大，導致無法將課堂中所學習到的知能運用到作業中。教師可以嘗試用自己的資料分析結果看待另一個資料分析結果，或將多個分析結果連結思考，形成研究發現。

再引用我發表在 *Innovations in Education and Teaching International* 期刊的論文資料（Liu, 2021）。在我的研究中，有兩個研究發現：

第一，分析師資生對輔導老師提問的問題後，發現他們多是擔心國中生行為常規的管理問題，較少有類似像準備教師甄試上的擔憂，在我引用文獻後，提出可能的原因是他們較少教學經驗，導致不知道怎麼解決學生的常規問題。

第二，我發現師資生提出「很多」問題，但文獻上的相關研究指出師資生面對輔導教師時經常不知道怎麼提問，這與我的研

究發現不一致。

　　我便從第一個研究發現去解釋第二個研究發現，提到因為師資生在學生常規問題上有許多的擔憂，這些擔憂便可能轉化為提問的問題，而這個發現有別於他人的研究發現。也可以再更進一步地指出，當師資生不會提問題時，或許不是功能上的障礙，而是自己是否有關注的內容。這樣的結論比先前的研究有更進階的解釋，便具有些許創新與學術貢獻價值。引文如下：

The aforementioned findings reveal that teacher education students worry more about managing young students' problematic behaviours in their future educational careers than about pursuing individual personal development. When most faculty members in teacher education institutions have little teaching experience or engage only in research (Jenkins & Fortman, 2010) and cannot impart practical knowledge and sufficient skills to address problematic behaviours (Nilsson & van Driel, 2010), teacher education students may transfer psychological challenges from their early and current experiences to questions for mentors. Consequently, the teacher education students could easily ask their mentors many questions. This is inconsistent with findings reported by Trede et al. (2019) that indicated that students lacked the ability to ask questions. Because the mentees in this study contributed by asking enlightening questions, E-mentoring based on synchronous interaction was feasible.

　　教師在解釋研究發現時，不能有過度主觀意識，例如：教師如果發現學生學習成效不佳，而解釋學生因為課餘時間打工而欠缺讀書時間，教師得要思考在自己的研究中是否有關於「課餘時間打工而欠缺讀書時間」的證據，或至少有充分的文獻與相關研究提及學習成效不佳與課餘讀書時間的證據，不能由生活經驗去判斷自己的研究發現。當過度主觀或推論之因果論述距離太大導致不合理，論文被拒絕的可能性就很高。

第三節　自我省思與研究結論

　　本章起頭時提及，教學實踐研究是屬於社會科學領域的研究，因此，通常研究結論會寫在文章的後段。不過，教學實踐研究是大學教師自我建構教學實務知識的重要方法，而「自我建構」需要透過「自我省思」，也就是說要寫出自我省思的內容，再進一步提出自己在研究後已經建構的教學實務知識。

　　然而，論文書寫格式不一，有些論文把自我省思寫在研究結論之前或研究討論的章節裡，有些寫在研究結論之後。本書建議，如果教學實踐研究的目的與最後結果僅是提醒自己未來教學實踐上的某些思維，先寫結論再寫自我省思，亦即寫出的建議是對自己教學或是類似教學方案實踐上的建議，有種用「以今日的自己建議明天的自己」的方式書寫；然而，教學實踐研究的發現足以啟發他人的學術思考，甚至可以引領教學研究的後續探討，本書則建議，先寫省思再寫結論，而寫出的建議可以擴大到類似課程、實務現場的應用。

　　或許看起來格式不一，因為其涉及研究發現的遷移性，在寫

作上會有不同的應用方式。以下內容請教師們自己參酌。

教學省思的目的

　　我在我的另外一本書《教學實務研究與教研論文寫作》第二版之第九章提到教師的教學省思有三個時機，各有其目的。教學前的省思是一種教師自覺與前瞻預測，基於教學經驗建立教學理念、設計教學目標與教學活動，以及預測教學活動的進行歷程和成效評估，這樣的省思有助於教師提出縝密周延的教學活動流程。教學中的省思是教師在教學行動過程中的自我對話，教師一邊教學、一邊省思，當教師的教學活動對學生學習產出效應，教師可立即思考並做成繼續、調整、刪除或改變的決定。教學後的省思是一種教師自我批判性反省，教師蒐集與分析學生表現資料，與先前的教學目標相互比較，尋找共同點和差異點，如此可對教學活動中所發生的事件具有更豐富的理解。另外，教師也需要針對教學成效與先前的教學理念相互對照，調整教學理念或提出更有價值的教學觀點。

　　教學後的省思對一個教師的教學專業成長幫助最大，原因在於它比課前省思多了豐富的教學資訊，也比教學中的省思多了充裕的時間。但反過來說，教學後的省思也因為涉及最多資訊，從教學理念、教學活動、學生表現以及教學情境因素等都值得省思，教師需要花費的時間與心力都比較多，不容易被完整執行。

以學習效應省思自己的教學方案

　　省思是一種對照，亦即在文獻觀點與研究結果、原有理念與後續看法、研究結論與教學目標等面向內，相互對照後提出彌補差異的作法，或者提出更新、更進階的看法，也藉此自我建構新

的教學實務知識。

　　大學教師的教學實踐研究是實踐自己發展的教學方案，過程中蒐集學生的學習表現資料，之後，由學生的學習表現之分析結果回饋到教學方案的理念與設計。由於教學方案涉及理念的發想、課程內容的選擇與組織、教學方法的採用與教學活動流程、學習評量的發展與設計等。因此，教師可以在產出研究結果後，以學生學習表現對照原有的理念、課程、教學和評量的設計，針對符合與不符合預期的內容提出看法，找出原因，再提出未來可行的作法。

　　另外，教師在撰寫教學省思時，要提出證據或文獻支持自己省思的觀點，特別是省思後的策略，舉例來說，若發現大學生的閱讀理解或數學理解有問題，所提出的省思策略是「不斷地閱讀、多閱讀」或「不斷地寫題目」，這種省思毫無根據，也不符合學習原理，這是省思的大忌。教師即使參閱了文獻，仍沒有把握，可以找具有豐富教學研究經驗的教師確認或一起討論。

　　針對那些未符合期待的結果，教師也不需要擔心提出省思會讓自己被認定教學不力，只要指出證據和理由，以及未來可以調整的策略即可。不過，若教師在進行教學實踐研究前，教學方案的設計過於隨便，未充分文獻探討與嚴謹設計，而產生許多未符合預期的結果，雖然省思仍然對自己有幫助，但論文被退稿的機會大，退稿的理由無關省思的內容，而是教學方案的嚴謹度。

　　下列寫作實例第一個黑體字的字句是研究發現，第二個黑體字的字句是來自於文獻觀點，第三個黑體字的字句即是研究發現與文獻觀點對照後的省思結果。再說明如後。

　　本研究引導師資生產出跨領域教學方案，參與研究的師資生在同步視訊應用能力與跨領域教學方案的實作

上已具有成效。**但在初期對專題導向學習的概念是模糊的，導致在學習初期花費了一些時間摸索，**原因可能來自於前 5 週的基礎課程是以跨領域教學方案的理念為主，**也因為專題導向學習是一種學習方法，需要實際操作練習才能有所知覺，不如跨領域教學方案傾向有具體的向度與內容。**本研究思考未來進行專題導向**學習時，可先以一個虛擬情境問題，指導師資生專題導向學習之計畫編擬，**培養專題導向學習的基礎能力。

上述的實例中指出「未來進行專題導向學習時，可先以一個虛擬情境問題，指導師資生專題導向學習之計畫編擬」，這即是研究者將跨領域教學方案設計為學習表現任務，原本以為學生對跨領域教學方案比較陌生，因此在研究中進行跨領域教學方案方法的指導與訓練；卻在研究中發現，學生對於產出跨領域教學方案的專題導向學習之概念相當模糊，導致研究初期，學生需要花時間了解專題導向學習方法的內涵。因此，研究者在自我省思後提出未來要進行類似教學時要處理問題。最後一句話即是教師自我建構的教學通則，亦即是一種教學實務知識的建構。

也可以省思自己的學術生涯

大學教師不只是教導一門課而已，多數教師還擔任學生輔導、學術發展，以及教育方案的編擬之工作。如果該教學實踐研究的發現與省思心得，可以對未來自己的工作有所幫助，也可以在自我省思時提出來。我是一個師資培育工作者，職前師資培育與在職教師專業成長是我探討的學術領域，下列寫作實例中第一個黑體字的字句提及研究發現，第二個黑體字的字句是對我的工

作領域自我省思。

　　本研究師資生即使已發展合宜的跨領域教學方案，**但在訪談中提及當前中學現場對於跨領域教學不常設計與實踐，亦即在學習內容與教育實務知覺上產生衝突。**如此衝突也可能發生在部分中、小學已經開展新穎的課程與教學理念中。**這除了需要檢視當前職前師資培育的內容設計外，也需要思考師資生對於教育在社會上的功能若與未來工作環境產生衝突時，可以結合跨領域的學理基礎對照部分已具有成功經驗的學校實例，促進他們對教師工作的專業認同。**

　　在自我省思的寫作上，教師可以這樣寫：1. 先提及自己在教育現場遭遇的問題，以及自己開展的教學理念之目的；2. 自己的研究發現；3. 這些研究發現對自己教學生涯的啟發或改變了什麼觀點、信念與價值；4. 對自己未來教學與研究上的應用。

● 研究結論

　　本章先前提及，有些學術領域或論文是把研究結論寫在討論章節裡，如果論文的目的是可以讓讀者帶得走的內容，也就是可以在工作上、研究上或生活上應用的觀點，我建議就分開寫，而且寫在論文的最後區塊中。

　　許多研究生分辨不出研究結論和研究發現的差異，而且經常在研究結論時就把研究發現再寫一次，如此顯示了自己研究寫作能力不足之處。

　　在研究結論的書寫上，本書提出兩個方向提供給教師參

考。第一，研究結論應該回應在先前提出的問題意識與研究目的，在教學實踐研究的起頭，通常是在教學現場遭遇的問題或創新理念，而傳統課程與教學方法無法達到目的，因此，才會有此研究的實踐。而經過教學實踐與提出研究發現後，原有的問題如何被解決或原有的理念被實踐，這是書寫上的重點，也建議研究結論的數量與研究目的之數量最好相同。第二，本書再建議研究結論可多強調研究發現對大時空環境的重要意義。如果教師進行研究所要解決的問題是整體大環境的問題，亦即是多數大學教師教學時會遭遇的問題，在書寫上便可以從這些角度發想。若教師採用個案研究法，這種書寫方式就具有藉由個案的探討對類似個案提出研究觀點的意涵。上述兩個書寫方式也是區別研究結論和研究發現不同之處。下列實例中黑體字的字句具有大時空環境的意涵，之後再提到自己的研究發現在此時空上的意義。

專題導向學習是以情境和驅動問題為探究的起點，但**由於時空與環境限制，同步視訊提供師資生與專家教師對談和了解情境的機會**，如此，也促進師資生原本對專題導向學習的模糊知覺，轉變為掌握其意義。專家教師提供學校情境相關資訊，師資生自己產出驅動問題，也自己主動地蒐集文獻與其他資料，並在多次與專家教師的對談中，獲得專家教師的認同與建議，逐步建立專題導向學習的結構知識。

強調研究發現對大時空環境的重要意義後，便可以順勢地提出研究貢獻。雖然研究貢獻不是教學實踐研究的主要目的，不過若教師的研究具有對該學門學科的學術貢獻，可提升此研究的價值。下列再引用那篇發表在 *Innovations in Education and*

Teaching International 期刊的論文。其中提及當前的同步視訊會議提供師資生輔導的媒介，但此計畫發現剛畢業的學長也可以擔任輔導教師，之後提出「剛畢業的學長也可以擔任輔導教師，但不是取代資深輔導教師，而是補足資深輔導教師的不足」之學術貢獻。第一個粗體字的字句具有大時空的意涵，第二句粗體字的字句是研究結論，而第三句粗體字的字句以及之後字句是學術貢獻。

> **Currently, synchronous videoconferencing provides teacher education students with a medium for mentorship and easily resolves their doubts. The programme of experienced recent graduates serving as online mentors by using synchronous videoconferencing benefited teacher education students. This study contributes to the field of teacher education by demonstrating that with advanced technologies, novice teachers can serve as mentors for teacher education students,** particularly for those with similar experiences and challenges in career progression. Rather than replacing traditional mentors with extensive experience, graduates with less teaching experience can supplement the deficiencies of traditional mentors.

● 研究建議

　　有些學者提到研究論文不一定要寫研究建議，本書進一步提出如果只是對自己未來教學實踐時的提醒，寫出自我省思即可，若要寫成建議，可以採用「以今日的自己建議明天的自己」的寫作邏輯。若可對學術領域和實務現場提供具有價值的作法而得以改變舊有問題，或若可對學術探究提出具有更深度價值的研究方向，就可以寫成一般學術論文的建議。下列寫作實例第一段是對教學實務上的建議，第二段則是提到未來研究的建議，此建議需要先把研究發現寫出來，再以此研究發現提出建議。

　　在教育實務上，部分師資生或甚至是大學生對教育或社會事件經常容易太快做出判斷，在大學的課程與教學設計中，可以選擇足以發展需要高層次思考的議題，並以本研究提及的批判思考認知歷程，逐步引導大學生進行觀點建立、評估他人、回應他人和調整自己觀點等活動；此外，對議題的思考需要較多時間，教師不宜在課堂中快速結束討論，必要時，可以延伸到課後進行非同步討論。

　　但是本研究在過程中發現，師資生的批判思考幾乎很少在本研究表 3 的「基礎」等級，換句話說，師資生已經具備基礎等級以上的批判思考能力，但對照日常生活對話，偶而會有毫無根據的發言，這可能是參與本研究需要針對題目思考後發言，而日常對話的思考時間較不足或者是個人其他特質等因素的不同，值得後續進行批判思考相關研究時參考。

　　需要強調的是：與研究主題無關的建議不可能寫，例如：部分研究生會提到建議政府、建議補充經費、建議廣設單位……，若論文未把這些方向當作探討主題，也沒有發現類似的研究結果，寫出這種建議就會顯示研究者的研究能力不足。

◯ 小結

　　本章提及研究討論與結論，細節上，從連結多個資料分析結果進而產出研究發現，再根據研究發現，進行討論與解釋；之後，研究者進行省思，對照比較文獻觀點與研究結果、原有理念與後續看法、研究結論與教學場域等面向，進而提出彌補差異的作法或者提出更新、更進階的看法，藉此自我建構新的教學實務知識。教學實踐研究非常強調教師的省思，大學教師務必設下一區塊，書寫省思的來源、過程與結果。

　　而研究結論與自我省思的順序已在本章內容中提及，教師可以自行參酌書寫。寫出一個好的、容易閱讀且具有論述性的「研究討論與結論」是研究者的責任，也是讀者忙碌而無法閱讀整篇文章時，可以檢視的重要內容；甚至如果政策管理者或有心人士想要藉由研究論文思考工作場域的方針，研究結論（或先看結論再返回看研究討論）是他們首先會翻閱的章節內容。

　　特別在撰寫研究結論時，不可以出現新的數據資訊或新的文獻，可從大時空環境因素去思考研究發現的意義，進而引出有用的策略。如果教師們的研究發現得以提供大環境可行策略的思維，不僅具有學術貢獻，我建議教師可以投稿更學術性的期刊，彰顯自己的學術專業。

 **文獻**

Liu, S.-H. (2021). Online mentoring of teacher education students by experienced recent graduates by using synchronous videoconferencing. *Innovations in Education and Teaching International*. DOI: 10.1080/ 14703297.2021.2003220

第二部分
教學實踐研究的核心知能

第五章

核心知能一：
創新理念與知識建構

　　如何發現一個教學實踐研究的題目，是一位新手大學教師很難克服的挑戰，有時候一閃而逝的想法，再拾起時又發現漏洞百出或重重困難。其實，即使一位有經驗的申請者與研究者，到頭來，研究理念的發想也可能是空洞、模糊且可能放棄而重來。

　　然而，國內的教學實踐研究計畫的經費補助之申請已經經過好多年，根據我的觀察，已逐漸發展出定型的模式。再檢視那些獲得績優計畫的研究題目，大略可以發現創新理念是一個顯著的特徵，有些是因應學生學習困境所發展的教學法、有些是創意發展與開展教學模式，另有些是運用彈性且多元的評量，讓學生學習更有成效。而我的績優計畫是加入後疫情時代的理念，結合同步視訊與專題導向學習而發展的教學方案。

　　本書先前所提，大學教師是知識產出的人，教師需要知道若僅是想要維持自己原有的課程與教學內容和形態，這本是大學教師既有職務與責任，教育部與其計畫辦公室何以要補助經費？我的觀點是，教學實踐研究計畫的補助申請之最低層次的目的，是鼓勵大學教師改善大學課程中的教與學；而其較高的目的即是促進大學教師思考與發展，建構符合自己且也符合當前生活與未來挑戰的高等教育之教學模式。除了這些目的外，大學教師應可以再自己加上一點，即是經過教學實踐研究的執行與成果論文的撰寫，讓自己的課程與教學專業向上提升，藉此成果申請學術升

等，以提升自己的學術地位。

第一節　創新教學方案的理念

　　創新（innovation），是在既有的事務或事物上，不斷地發想，推陳出新，通常在複雜的人類組織行為上進行；而創意（creativity），是在事務或事物上表現出新意，有巧思與獨特之意。由於創新是在既有的事務或事物上進行改變，因此，要創新，就得先思考現有的組織行為，考慮其屬性與特徵，從中選擇汰換或需調整的屬性特徵，加入另一個要素，使其原有的組織行為更符合組織互動的需求。教學是屬於人類組織行為的一環，教學要創新，就得先思考教學與學習上的各種表現，思考哪些需要調整或重新建構，或加入巧思與獨特的創意，而創造出一種新教學型態或新模式。如此而言，教學創新就隱含著創意想法。

教學創新的思考原則

　　一件事務或事物有其各部分屬性，例如：一條手機充電線，有充電頭、有充電線和 Lightning、Type-C 或 Micro USB 連接手機口，當我們發現在桌上的充電線太長，經常被拉扯或開關抽屜時被夾住，有何方法可以處理？思考方法時，得先想是哪一個屬性的問題？不是充電頭，也不是手機接口，是線太長。之後，想想捲起來再用橡皮筋綁起來，這樣好嗎？覺得不太好；再想想，把線繞在一個杯子，那找哪一個杯子？最後，想到找一支大麥克筆，把線繞在上面，這樣好像稍微好一點；或者再想想其他。思考歷程包含找出問題、思考問題、想出策略、驗證策略等四個階段，但要創新和要改變，得從屬性去思考。

　　教師們可以再想想，教學時的屬性是什麼？教材內容、教學活動、評量設計……，那學生上課不投入學習是哪一個面向的問題呢？如果是教學活動，那教學活動的屬性是教師教學、學生學習、教與學的工具或媒介、教學資源或環境、教學流程與進度，那可以改變什麼呢？如果教師上課時講解完一個小概念，想要透過題目的思考要求學生記憶或回憶，設計成小題目並傳至某個網路平臺，做成 QR-Code，要求學生使用手機上線回答，這樣好嗎？如果再想把學生回答做成挑戰遊戲，亦即答對五題，身分由劍士變成俠客，答對十題，變成掌門，答對二十題，變成盟主，學期後統計，最高 3 人即是武林至尊，再搭配獎品。這樣設計會不會改善學生學習不投入的問題呢？嘗試找一個班級試試看。劍士、俠客、掌門、盟主和武林至尊的設計是創意，若使用得好，整個教學活動便有創新之意。

　　上述的實例可以幫助教師思考，自己教學過程中遭遇了哪些問題？關鍵屬性是什麼？有何調整或改變措施？嘗試驗證情形如何？

教學創新思考的來源

　　上面提及的實例之創新知覺要在大腦中浮現，通常涉及個人過去的教與學經驗、個人對於新知的接收習慣，也涉及到主動解決問題的意向。

　　個人過去的教與學經驗，包含個人的求學經歷、文化環境、工作經驗，以及曾面臨的問題等，這些會影響教師對問題的思考方式。

　　個人對新知的接收習慣是指透過閱讀、與同事組織讀書會或參與研討會等，獲得新的知識，這些新的知識可以讓教師產出新

的思維。

　　主動解決問題的意向影響著一個人面對問題後的態度，有些人積極思考處理方式、有些人求助他人、有些人等待，甚至有些人漠不關心或故意忽略。

　　上述提及的內容影響著對問題的察覺、產生新思維，以及解決問題的成效。本書建議教師可以仔細察覺教學問題的相關因素，除了參與社群討論外，文獻查詢可以讓自己發現關鍵問題與產出新的理念，不過，主動解決問題的意向可不是簡短時間就能改變，但如果為了申請教學實踐研究而讓自己逐漸調整，讓自己更有積極處理問題的動力，也是教師教學專業發展的好方法。

　　另外，如果教師不是從學生問題思考，是想要發展一個符合未來生活需求與社會挑戰的教學方案（例如：想要發展「後疫情時代多元混成的線上互動模式」），可以從接收新知開始，但仍然要去思考教學的屬性。當新的思維應用在適當的教學歷程中，並且產出正向的學習效果，創新教學才會有意義。

教學創新理念的自我提煉

　　有了創新理念後需要自我批判，這也是先前提到「一位有經驗的申請者與研究者，到頭來，研究理念的發想也可能是空洞、模糊且可能放棄而重來」之原因。但有一些方法可以提煉自己的教學創新理念，也可以嘗試驗證是否具有可行性。

　　多數理念早已經被實踐過或早已被放棄，有些僅是換個名詞，作法相同，這仍不夠創新；另有些是改變部分太微小，達不到可以申請經費補助去實踐的價值。這種情形可以經由網路搜尋和文獻閱讀可以知覺，但有時候網路搜尋和文獻閱讀可以讓自己的理念更精緻化一些。

　　找一個小單元或是一個教學活動嘗試思考，不過教師得要先有個想法，好的教學理念不會在一次小小教學嘗試中獲得高成效的驗證，可能也會再出現另一些問題。那些具有高價值的教學理念中，多數需要長時間的運作，也需要逐步調整與解決可能出現的小問題。在小嘗試中，只要教師發現部分學生的正向知覺或成效，期待結果略有顯現，在實踐操作上的困難度不高，他人或文獻上也有類似但不同的研究發現，本書建議此教學理念不要放棄，再加以雕琢一番。

　　之後，再思考自己可以投入的時間和運用的資源。一個大學教師有許多課程要上課與教學以外的工作，部分教師還有招生的壓力，分配與妥善運用時間是許多教師的日常。教師得要思考，新的教學理念要能落實，是否有充分的時間得以運用？不過，有些創新教學的理念與實踐，反而讓教師少花了時間（例如：有意義的小組互評讓學生產出更優質的作業報告，減少了教師批閱學生作業時給批改意見的時間，請看下一段說明），亦有促進學習成效的作用。

　　舉我一個經驗來說，我期待學生能夠透過小組同儕互評去改善學生互評時過於表面的問題，此理念建立在小組同儕互評融合小組合作學習與評量的學理基礎上，當前文獻多提組間競爭，鮮少組間可以透過分享與回饋，促進各組的學習成效，意即較少提及組間分享，這似乎可以試試看。我讓兩組學生先上傳第一版小組作業，確認基本要求；之後將兩組安排在一起，輪流報告與相互提問，互評後再修正自己小組原有的作業，再繳交第二版的作業。我發現兩組學生相互提問與修正後，小組作業任務完善許多，讓我批閱學生作業時花較少的時間在給他們修改意見或評論上。

　　若教師能產出創新教學的理念，申請教學實踐研究計畫之

經費補助就有很好的起頭，不過，教學研究的能力卻也是取得經費補助的重要因素。如果僅有創新教學思維與能力，不知道如何寫具有邏輯系統的計畫書、不知道如何編擬研究工具，以及不知道如何進行資料分析，那可能也無法順利通過申請補助。這也是我經驗中多數教師的教學讓我們肯定，卻寫不出一個好的教學實踐研究計畫的原因。本書建議教師可以先選擇自己擅長的研究方法（例如：質性或量化），再學習與練習自己善於理解的寫作方法，不斷地提煉自己。當申請通過並且實踐，又是一個自我學習的機會，那些有經驗的申請者以及有能力寫作的大學教師，多數都是經歷這些歷程。

第二節　建構教學實務新模式

　　有了創新教學理念的發想，也思考可能會遭遇的困難，最終評估其可發展性，建議大學教師要有建構新模式的想法。思考自己可以花三年的時間，以某個學理基礎（例如：認知理論、建構理論或其他教學原理原則）、以特定某些領域的課程（例如：實習、實作、混成、合作），以及上述提及的創新理念方向，先建構一個新模式的「雛形」或大方向，再逐年教學實踐與調整，最後提煉與產出教學實務新模式，建立自己是一個課程與教學之專家的角色，若有學術升等的需求，也可為學術升等做準備。

　　教學方案不外乎是課程內容、教學方法與評量設計，教師可以選擇其一或更多進行創新理念的發想，而思考歷程大略經歷：原有、問題（需求）、調整、建立等四個階段，可參閱本節提出的實例。

　　以下分別就課程內容、教學方法與評量方式等面向作說明，再進一步提出實例，這些創新教學實例——「融入情境要素

問題的跨領域課程設計與學習模式」、「線上業師協同的專題導向學習之教學模式」、「AFO 的評量設計模式」，都是本書作者的發想，歡迎讀者選用與改編。

課程內容創新模式的草擬與建構

若以課程內容而言，加上本章第一節提及的創新理念的屬性特徵與發想歷程，教師們可以先想想原有的課程內容之細節，是否充分明白地提到每個課程要素？前後組織是否具有邏輯系統？從具體到抽象？先見林再見樹？再以學生在生活或面對未來職場生涯的發展，思考該學科領域的知能是否適合？是否需要改變？是否需要新元素？或需要與其他領域進行整合？

如果是屬於課程內容的問題或創新理念的發想，教師們可以檢視教材內容的組織，繪製整學期的教材內容結構，通常是樹狀圖或者是階段圖。之後，思考哪些內容可以調整？可以加入哪些內容要素？為何要調整和加入？提出一個具有文獻或學理基礎，也可以說服自己的理由後，重新繪製整學期的教材內容結構。

舉例來說，一個大學教師原有的課程兩個階段，第一階段是通論，分別是前兩章，第二階段是前兩章的細部內容，共有八章，而除了期中考、期末考外，教師會安排一份小組作業。然而，這位教師考慮學生僅有知識的學習，小組作業也僅是小組成員針對教師給的情境問題進行書面作業的討論，這似乎缺乏創新之意；後來該教師思考著當社會與工作情境愈來愈複雜，大學課程應該設計情境任務，以形塑學生解決問題的素養，因此，用環景攝影機將工廠情境拍攝下來或請業界教師拍攝一個商業短片，要求學生成為情境問題的當事人，提出解決策略，但其目的非僅解決問題即可，而是讓學生將解決問題的歷程之經驗內化，以形

塑未來面對未曾遭遇過的問題之積極處理問題的態度與知能的運用。這位教師便發展出「融入實景情境問題的課程設計模式」的新理念。

　　之後，第一年實踐時發現所拍攝的影片僅是突發的現象，應該將職業要素考慮進去，因此，開始藉由文獻探討，歸納該職業經常發生的事情，進而思考學生可能需要具備的素養（非知識而已，而是可以面對不同狀況的思考與自我調整能力），增補教材內容要涉及的重要職業要素之作為；第二年實踐時，發現職業現場許多的問題涉及到跨領域的思維，因此，發展出以不同狀況為基礎的跨領域學習方案設計。經過二至三年的知識提煉，之後自我建構「融入情境要素問題的跨領域課程設計與學習模式」。

　　本書再將上述實例之第一年簡述如下，提供教師發想教學實踐研究的「課程內容」之創新理念時參考。

原有	一教師原有課程，第一階段是通論（兩章），第二階段是前兩章的細部內容，共有八章，除了期中考、期末考外，教師會安排一份小組作業。
問題（需求）	教師思考著當社會與工作情境愈趨複雜，大學課程應該形塑學生解決問題的素養，探討文獻後發現素養與情境問題或任務有關。
調整	用環景攝影機將工廠情境拍攝下來或請業界教師拍攝一個商業短片，要求學生成為情境問題的當事人，提出解決策略，並讓學生將解決問題的歷程之經驗內化。
建立	教師最終發展出「融入實景情境問題的課程設計模式」的理念。

●教學方法創新模式的草擬與建構

　　若以教學方法而言，思考其常用的教學方法是否無法充分顧及到每一個學生的學習需求？講述內容時，教材內容或媒體呈現是否對應？提問時學生不想回答，是否有其他的提問方式或獎勵方法？要求學生討論時，是否學生不說話，或者說的話都沒有經過思考的語句？要求學生合作時，是否有學生不投入、不積極，甚至小組內經常有衝突？

　　教學方法有兩個環節：每個教學法的主要功能、教學法的教學階段或步驟（包含反覆與綜整）。教師在採用前需要先了解，避免使用不合宜的教學方法，那不僅學習成效不易彰顯，也花許多不必要的時間。教學法的主要功能請參閱本書第六章，本章主要提及教師可以在教學方法的階段中，因應學生的學習需求，調整、補充、融入、增強……某個階段或整個流程，進而提出教學創新的理念。

　　舉例而言，一個教師採用專題導向學習教學法，意圖培養學生未來面對問題時自主性地發現真實問題，以及主動思考與解決問題的能力。因此，第一階段，他在花幾週的時間指導學生基礎知能後，第二階段再指導學生 1. 根據預先擬定的情境現象自主發現驅動問題（要探究的問題，可能有多個）；2. 擬定探究計畫；3. 蒐集資料（指導如問卷設計、訪談等技術）；4. 分析資料與回答問題；5. 建立專題導向的學習成果與報告等。簡單來說，整個教學活動分為兩大階段：基礎知能講述與問答、專題導向學習（第二階段包含上述五個流程，每個流程一至三週）。不過，他發現情境問題僅是由任課教師指導，可能無法貼近職業現場的實際情境，因此他找了五個業界人員擔任諮詢教師，並且事先開會討論學生諮詢業師的概要。之後，教師要求每一小組與業

師在上述第二階段的第三與第四流程，每一週至少一次線上同步視訊連線諮詢（因業界教師忙碌，無法常到學校指導），最終發展成「結合業師與同步視訊於專題導向學習之教學模式」。

　　第一年實施時可能發現學生不熟悉專題導向學習的真實意義，也欠缺自主探究的探究，因此，在第一階段再加入專題導向學習的訓練；第二年實施時，發現僅有線上諮詢是不足的，因此，要求業界教師將實務情境所發生的問題先行以手機簡單錄製為幾分鐘的影片，再於線上諮詢時間給予學生指導或討論；之後第三年，可能又發現學生小組合作中每位組織成員的貢獻度差異很大，因此，強調合作學習的細節，並且再度實踐。經過上述三年教學實踐，此位教師自己建構出「線上業師協同的專題導向學習之教學模式」，再以流程圖的方式把每個階段和流程的作為要點提列出來，並再以說明的方式寫出關鍵要素，以提醒他人使用時可以留意之處。

　　本表再將上述實例之第一年簡述如下，提供教師發想教學實踐研究的「教學方法」之創新理念時參考。

原有	一教師採用專題導向學習教學法，他花幾週時間指導學生基礎知能後，再指導學生 1.發現驅動問題、2.擬定探究計畫、3.蒐集資料、4.分析資料與回答問題、5.建立學習成果與報告等。
問題（需求）	不過，他發現情境問題僅是由任課教師指導，可能無法貼近職業現場的實際情境。
調整	他找了五個業界人員擔任諮詢教師，事先開會討論學生諮詢業師的概要。之後，教師要求每一小組與業師在上述的第三與第四階段，每一週至少一次線上同步視訊連線諮詢。
建立	教師最終發展成「結合業師與同步視訊於專題導向學習之教學模式」。

● 評量方式創新模式的草擬與建構

再以評量方式而言，教師得要思考評量的目的為何？通常評量有三個種目的：assessment for learning, assessment as learning, assessment of learning。

「assessment for learning」是教師藉由評量發現學生的學習問題，進而設計與調整自己的教學活動，目的是教師發現學生學習問題以調整教學設計或學習活動安排，形成性評量即屬之。「assessment as learning」是教師藉由評量題目或活動的設計，讓學生自己發現自己的不足，進一步調整自己的學習，目的是讓學生自己判斷與決定自己可以再知道什麼與再做什麼，可以發展學生自我調整學習的策略。「assessment of learning」是教師藉由評量設計，知道與判斷學生在教學活動後學習到多少，也可以知道學生的學習結果或是否達到某個標準，目的是藉由學生的表現證據，判斷教學成效與學習成效，總結性評量即屬之。

藉由上述的解釋與目的，大學教師可以思考以前的評量方式是否常遭遇困境？或者是想要調整可讓學生學習得更有成效？上一段提及的評量設計中可以先選擇其一，之後可以再融合多種，提出評量設計的新模式。

舉例而言，一個教師在每次上課結束前十分鐘，會把該次上課的重要概念與通則設計成題目，並且要求學生用手機立即選按或填入，再上傳某個平臺上；之後統計每位學生的答題情形並思考多數學生錯誤或有迷思的學習內容，再提供不同的補充資料給不同的學生進行自主學習，這屬於「assessment as learning」，並且發展成「以學習評量引導學生差異化學習的評量設計模式」。然而，第二年實踐時，發現學生自主學習之成效不佳，原因是原來的教材學不懂後，還是無法知道哪個細節不理解，因此，第二年加入一些題組，亦即將評量設計成具有思考歷程的多

個小題目，並改良為「以學習評量引導差異化學習與自我檢視的評量設計模式」，有點加入了「assessment for learning」之理念。第三年的實踐再加上差異化的總結性評量設計，亦即經由整學期的實踐，想要讓學生了解自己在哪些原有能力不足之處的學習情境，亦即加入「assessment of learning」，因此他將期末考外加三成題目，此三成題目即是個人先前學習有問題之處（外加題目採加分方式計分），經過自主學習後，教師與學生可以知覺這些自主學習的成效。

最終這位教師發展與建構了「AFO 的評量設計模式」（A即 as，F 即 for，O 即 of），再把三個階段的評量設計說明清楚（1. 每次上課的形成性評量，引導差異化的自主學習；2. 自主學習評量，引導學生藉由評量思考教材內容；3. 總結性改良式的評量，檢視差異化的學習成效），提供其他教師參考。

再將上述實例之第一年簡述如下，提供教師發想教學實踐研究的「評量方式」之創新理念時參考。

原有	一教師在每次上課結束前，把該次上課的概念設計成題目，要求學生用手機選按，再統計答題情形並思考學生錯誤之處（assessment as learning），以提供不同補充資料給不同學生進行自主學習。
問題（需求）	實踐時發現成效不佳，原因是：即使教師參照學生答題錯誤之處給予相對應的教材，學生在學習時仍然不知道哪個細節不了解。
調整	加入具有思考歷程多個小題目（assessment for learning），協助學生了解自己哪裡卡關，之後他將期末考（assessment of learning）外加三成題目（採加分方式），即是個人先前學習有問題與自主學習之題目，師生可以知覺這些自主學習的成效。

| 建立 | 教師最終發展出「AFO 的評量設計模式」（A 即 as，F 即 for，O 即 of）。 |

第三節 具備教學實務升等的專業價值

　　大學教師投入心力與資源去改善學生的學習成效與提升教學品質，發展與建構創新教學方案，可以確認的是這些教師往「知識產出」的理念前進。然而，創新教學方案不能僅在自己的課堂中實踐與體會，需要參與學術研討會、發表論文，以及接受邀約分享，甚至面對同儕教師的質疑與挑戰，再檢視自己考慮不周之處，並進而調整可符合教學實務情境的細節後，逐漸彰顯自己的教學專業，提升自己的學術地位。

● 學術研討會

　　一般的學術研討會雖然可以參與，但若非以教學實踐研究為理念核心的研討會，在論文審查時，偶而會接受一些以教育科學研究理念為主的審查意見，例如：建議以實驗設計方法確認成效、研究對象沒有抽樣無法推論……。教學實踐研究之所以不同於教育科學研究，其主要差異在於教學實踐研究之教學情境多無法控制，亦即無法控制選課人數；而其教學情境也侷限在自己的課程內容、教學活動、評量設計，以及選課的學生上，難以推論到所有教育情境。因此，本書建議大學教師的教學實踐研究要以那些具有教學實踐理念的研討會為優先選擇投稿的標的。

　　理想上，教學實踐研究之研討會應該是大學或其他教育工作者切磋教學實務知識的「競技場」，各方展現自己的教學研究功力，也接受別人的挑戰或向別人學習，更能省思自己與自我

提煉。大多數的教學實踐研究之缺失在於教學方案的學理基礎不足、缺乏充分的證據判斷學習效應，不過也因為研討會的性質就是如此，大學教師遭遇到挑戰時應該樂觀面對，甚至感謝那些提出真實意見與建議的同行夥伴。大學教師可以書寫成「working paper」，亦即可能是一個先導性研究或者是一個初步試驗的結果（有些研討會主辦單位甚至願意接受僅是一個理念和純教學構想的發表），在研討會上分享，以及接受他人的挑戰，逐步調整自己的教學實踐作為。

● 發表學術論文

　　當大學教師有了符合學理基礎的教學方案，經過嚴謹的研究設計與資料分析後寫成期刊論文，當該論文具有創新意義或者是足以解決一般難以解決的問題時，就可以嘗試投稿與發表在國內外教學實踐研究的期刊上。

　　國內這幾年來某些大學或學會開始辦理以教學實踐研究為學術目的之刊物，雖然還沒有被列為 TSSCI 期刊的索引，可能影響投稿的意願（因有些大學設定其教師升等需要提出 TSSCI 索引等級的期刊論文），不過，以總計畫辦公室及辦理這些期刊的大學之遠程目標而言，成為 TSSCI 索引的期刊之可能性很高。因此，我仍然建議大學教師可以將具有嚴謹程度的期刊論文投稿到這些期刊，建立自己的專業學術地位。

　　其次，根據我的校稿和審稿經驗，投稿期刊並被接受刊登的論文至少會涉及三大要件：方案嚴謹度、論述合理性、創新思維。

　　方案嚴謹度是指教學方案的開展具有學理基礎，也能夠從重要的文獻提取可行的作法；另外，研究設計、資料蒐集與資料分

析要具有效度與信度，具有邏輯系統地呈現一個教學方案實踐與分析學生效應的歷程。

論述合理性涉及研究結果與研究發現的原因解釋，無論是從學理與文獻觀點解釋研究發現，或者是從多個研究發現建立連結，蒐集有效的證據後提出合理的解釋是相當關鍵的內容。

創新思維是指教學方案確實解決了一個教學實務上的問題，或者建構一個創新的教學模式。在經由上述提及的方案嚴謹度與論述合理性的檢視後，確實帶給教育現場一些新思維。

再者，大學教師也可以嘗試投稿國外以「Scholarship of Teaching and Learning」（可簡稱 SoTL）為理念的期刊。國外許多大學和機構為了改善高等教育的課程與教學，特別在期刊的徵稿要點裡提及歡迎高等教育的教學論文投稿，其審查的焦點不同於一般教育科學論文，關注在教學方案的細節與學習效應之間的連結。

另外，如果大學教師的教學實踐研究論文，也符合教育科學研究期刊的學術嚴謹品質，或者是改寫教學實踐研究中的論述方式以符合教育科學研究期刊的要求，也可以嘗試投稿到 TSSCI或 SSCI 索引的期刊。不過，這種期刊除了先前提及的嚴謹度與合理性外，多數相當要求學術貢獻性，亦即能啟發當前教學領域的學術思考。如果論文具有這些要件，本書建議教師再次檢視論文後，投稿這類型的期刊。

提出學術升等的申請

我常在演講時對大學教師提到「現代教師不能太溫良恭儉讓」，可以申請的計畫與獎勵，就該去爭取。而對教育有了貢獻、教學具有專業，就應該主動地對外彰顯自己的專業品質，提

升自己的學術地位，若符合各大學設定的條件，主動提出學術升等的要求。反過來說，藉由學術升等的自我期許，積極思考創新教學方案，並透過不斷的教學實踐與調整，提升自己的教學專業品質。

　　根據多數大學採用的「專科以上學校教師著作審查意見表」，經常提及「助理教授：應有相當於博士論文水準之著作並有獨立研究之能力者」、「副教授：應在該學術領域內有持續性著作並有具體之貢獻者」、「教授：應在該學術領域內有獨特及持續性著作並有重要具體之貢獻者」等內容，基於升等教授的著作需要「獨特及持續性著作」，再根據我的經驗，著作通常涉及創新與貢獻性，以及在同一領域或主題上有多篇文章的發表，才具有「獨特」且「持續性」的意涵。因此，我建議大學教師可以開始思考與發展某一個大主題的理念（例如：針對某個領域中具有特別屬性的課程內容設計、教學方法或評量設計進行發想與初步草擬），逐步寫成教學實踐研究計畫申請經費補助。在實踐與資料蒐集分析後，撰寫成論文並在研討會和期刊發表，無論是提升助理教授、副教授或教授的升等，均以此為方向，即使微調主題內的部分細節，也可以在原有主題領域內深入探究，逐漸建立自己的學術地位與專家的角色。

● 小結

　　大學教師是一個知識產出的人，以教學實踐研究而言，產出的教學實務知識涉及課程內容、教學方法與評量設計，並具有創新與解決傳統問題的價值，有些時候解決問題與創新思維兩者兼具。

　　創新的產生來自於對事務或事物的觀察，了解其屬性、各部

分功能，以及細節，思考可以改變的屬性，也可以全部屬性全部更換，但要有充分的理由，調整後也要對事務或事物比以前的方式更有正向意義和價值。

然而，這需要不斷嘗試，自己不斷地在教育情境中提煉教學理念與教學方案，研究能力的涉入是必要的條件，藉由研究能力讓自己的教學方案具有學理與文獻探討基礎，也讓資料蒐集與分析更具有效度與信度，而透過論文的書寫，讓自己的教學方案與學習效應之間更緊密的連結。

以某個領域或學科的內容草擬一個大主題，再細分成幾個小主題或每一年逐漸實踐與調整，深入探究該領域學科的教學方案之實踐作為，也提出具有正向學習效應的重點要素。過程中，教學實踐與論文發表並行，藉由論文發表與接受他人挑戰，再度精煉自己教學理念與教學方案。如此，學術地位升等的條件便水到渠成。

成功永遠不會一夕之間就出現，挑戰永遠存在，接受挑戰改變自己和因他人質疑而放棄，兩者就在一念之間。既然教學本是大學教師主要的工作之一，就仔細思考可以提升教學品質的理念，申請教學實踐研究經費補助。雖然可能在初期遭遇到困難，除了閱讀相關書籍與參與教師讀書會外，多參與其他教師的分享與發表，省思自己、知覺自己在教學設計上可以再精進之處，逐漸建立大學教師的學術地位。

第六章

核心知能二：
文獻探討與教學知能

　　本書第二章提及研究計畫和論文的文獻探討之寫作理念與內容，本章則是文獻探討的技巧，充實教師在文獻探討與教學設計的核心知能。

　　教師的教學理念進而形成教學方案與學習效應是教師探討文獻時應該聚焦的方向，文獻探討提供研究主題的背景知識，教師也藉由文獻探討去察覺研究主題的可行性與評估教學實踐的意義性。

　　文獻探討基礎功能是提供研究主題與探討變項的定義，而探討先前相關研究的發現對自己研究進行具有啟發作用，並協助研究者對自己研究主題有更好的理解；但是更好的文獻探討，可以令人察覺既存知識和想要進行研究主題的缺口（gap），研究者應該精熟於文獻探討的技巧，藉此建立研究設計與實踐的基礎。

　　檢索文獻後，不應該只是把文獻句段抄寫在自己的計畫或論文中，需要邏輯系統地組織，亦即要有所本地鋪陳自己產出的觀點。從整體文獻探討的內容看起來，就是跟讀者或審查者說明：自己的研究主題是什麼？定義是什麼？細節包含什麼向度與內容？以前的相關研究已經進行到什麼程度？已經發現了什麼？自己的研究有何更新的探討？而在說明這些內容時，就提出學理基礎或文獻支持自己的論述，從學理基礎和文獻觀點推論自己的研究主題與設計具有意義且合理性。

　　另外，本章再提及常用教學方法，包含教學方法的學理基礎，以及轉化後的教學活動與流程，教學方法的學理基礎也涉及到文獻探討，也有許多相關研究提及可行的教學設計。如果教學方法與教學設計有相關文獻的引用，便使得教學方案具有效度，雖然教師可以在探討文獻後，增補與創新教學設計，但以文獻為基礎，會使得調整後的教學方法與設計更具有實踐研究的價值。

　　之後，基於不同的教材內容應該有不同教學方法之原則，教師可再思考教材內容的難易與順序，並搭配不同的教學方法與考慮學生的學習經驗，進而建構一學期的教學大綱。

第一節　文獻檢索方法與組織

　　需要先提的是，文獻探討需要花一些時間，大學教師應該要體會無法在很快時間內即可完成文獻探討。實際上，文獻探討是從研究構想時就需要進行，一直到將該研究結果寫成論文，甚至論文被接受刊登才結束。

　　有些大學教師非教育學或社會科學專長，在檢索教學方案和學習效應的相關文獻時經常力有未逮。文獻檢討大略有三個基本程序：

1. 確認研究主題的範圍，並藉此提取出多個關鍵字。
2. 決定要檢索的資料庫與文獻的年限。
3. 檢索後瀏覽文章摘要，並決定是否繼續閱讀。

　　當決定收錄某個文獻以進行後續的探討後，需要進行內容的組織，而在組織與寫作上，亦有三個基本程序：

1. 閱讀後形成一個具有框架的主題（或次主題）與產出的觀點（可能至少需要閱讀多篇才會產生），暫時寫在紙上，附注來自哪篇文獻的啟發。

2. 開始以介紹、主題內涵、觀點（文獻探討產出觀點的結論）程序書寫，在實際上，有種「先定義，再說明內涵，之後表達觀點」的樣貌。重要的是，過程中要用文獻觀點支持自己所要表達的觀點，若文獻不夠充分，再去蒐集相關或更貼近的文獻。

3. 檢視文章內容的邏輯系統。每一段話僅是存在一個意義，各段意義間具有推理關係，多個段落組織或小節可以架構出某個完整的理念，最終某個節點會顯示具有學理和文獻推論的教學方案之意義和內涵，或是關於學習效應要如何發展與了解。

　　如此書寫後，就會如同本書第二章文獻探討的寫作實例那樣地出現。如果書寫時還是認為支持自己觀點的文獻不足，務必再去蒐集與探討文獻。

● 文獻的檢索

　　先前所提，大學教師有了研究理念後，就需進一步確認研究主題的範圍。例如：一位大學教師想要探討合作學習的理念與作法，合作學習即是主題的範圍；之後，提列些許關鍵字，例如：小組學習、小組任務、分工合作。若在產生關鍵字上有困難，本書建議先請教師閱讀專業書籍或文章，例如：合作學習的書籍或文章。另有一種可行的作法是，當教師檢索幾篇相當貼近自己研究主題的文獻後，可以將那幾篇文章的關鍵字作為自己檢索文獻

的關鍵字，這可以擴大教師的思考範圍。當一些教師經常反應找不到文獻時，這個方法可以提供教師參考。

可能也有少數教師不知道哪裡有合適的文獻資料庫。以國內而言，國家圖書館之期刊文獻資訊網是非常容易接近的資料庫，網址是 https://tpl.ncl.edu.tw/，如下圖。

其次也有華藝線上資料庫（https://www.airitilibrary.com/）等，其他可用的線上資料庫。

基本上，在檢索欄位輸入關鍵字，並設定篩選條件後，按「送出查詢」即會呈現多篇文獻，教師們可以先瀏覽摘要，決定是否收錄再進行後續的閱讀。不過，教師們是否能看到論文的全文，取決於大學是否購買資料庫權限或該期刊與論文作者是否授權。

教師們也可以檢索國外的學術資料庫。關於學科內容知識的

檢索，各領域不同，可以請教同領域的資深教師。若關於教育領域的知識檢索，教師們可用 ERIC、ProQuest、EBSCOhost 三種資料庫平臺。有些大學已在其圖書館網站建置好這些連結，甚至整合在一個檢索頁面，教師只要輸入關鍵字，同時可在各大資料庫進行檢索。

特別一提的是 ERIC 教育資源資料庫（網址是 https://eric.ed.gov/），其全名為 Educational Resource Information Center，是由美國 Department of Education 提供之教育相關文獻，可查詢自 1966 年起至今，目前超過百萬筆書目資料，且每月更新。收錄內容包括期刊文獻、專書、研討會學術會議論文、政府文件、視聽資料等多元性資料。

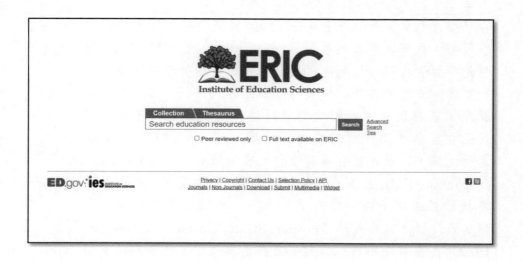

● 檢索後整理研究主題的定義和內涵

閱讀選定的文獻後，將可以形塑某一個理念或觀點的文獻進行分類，再針對每一類的文獻進行閱讀與書寫，空白筆記本或

A4 白紙是可以隨時記錄的重要工具。在一張白紙上或利用三張白紙，先寫出定義、內涵與相關研究，再從該類文獻資料中，將文獻提列的定義寫在白紙上，多個文獻就寫多筆，最後取捨與產出自己對該主題的定義。之後，再進行內涵的書寫與觀點歸納。實例如表 6.1。

表6.1　文獻探討後的書寫實例

批判思考是一種心理能力，張春興（2013）認為這種心理上的能力被認為是個體在學習、思維及解決問題時，由其心理上的運作所表現在外在行為上的能力。	定義
簡單來説，要具有批判思考的心理能力就需要在心智上經歷某些思維歷程，以及將思考結果表現在行為上。	觀點
在思維歷程的經歷上，Beyer（1995）認為批判思考即是一個理解、推理與判斷的歷程。Paul（1995）指出批判思考歷程是學習者在投入批判思考的活動中，針對外來資訊主動進行觀察、省思和推理，有技巧地概念化、分析、綜合和評估資訊。若再與他人針對某個議題進行對話或討論，學習者便可在理解後闡述他們的推理結果，進一步和其他人觀點進行比較，以及產出有邏輯性和更有證據的主張（Michaels, O'Connor, Hall, & Resnick, 2010），而會有如此結果是因為學習者透過不同觀點的認知衝突，刺激自己再思考、再建構或改變既有的觀點（Posner, Strike, Hewson, & Gertzog, 1982），亦有從不同的觀點省思自己與產出自己觀點的意涵（Brookfield, 2012）。	內涵
簡單來説，批判思考涉及理解、推理與判斷的大腦運作歷程；而若與他人互動，則具有認知理解、認知衝突、認知調整等階段，亦即可以藉由訊息接收、理解、對話、比較和產出觀點的過程，促進個人批判思考能力的發展。	觀點

　　主題內涵探討後的書寫相當重要，它可能形成教學方案的細部內容、教學流程或者是學習效應的向度。而一個好的主題論述是順暢的推理流程加上適當的引用文獻，甚至有時候，相對應的觀點並陳，自己再以情境或特殊因素進行批判、選取或者是建立主張。再舉一例說明。

　　文獻上對於跨領域的定義並不完全一樣，大致可區分為兩個觀點（Lattuca, 2001; Salter & Hearn, 1996）：第一，工具模式（instrumental model），主要目的在於借用相關領域知識解決一個統整性問題，此觀點可強調各領域知識的功能與其在解決問題的必要性；第二，概念模式（conceptual model），以概念解構學科領域的知識範疇，原有學科領域界線消失，沒有各學科領域的結構性……。不過，也有一些學者，如 Choi 與 Richards（2017）把概念模式的跨領域課程稱為超學科課程（transdisciplinary course），如此便把工具模式的跨領域課程稱為科際整合課程（interdisciplinary course）。……然而……學校內有各領域專長教師指導各領域知識，很難要求學校和教師拋棄學科領域知識發展概念模式的跨領域教學方案。陳佩英（2018）……提及科際整合的理念符合新課綱的理念發展思維，……獲得參與教師的認同與後續的實踐。基於上述的探討，本研究之跨領域設計理念非傳統的多學科設計模式，也非難以適用在當前教育制度與新課綱理念的超學科觀點，是以科際整合模式進行跨領域教學方案的發展。……。

●檢索相關研究以連結探討的問題

　　閱讀他人已經進行過的研究與他們撰寫的論文，可以理解他人的研究設計、研究發現以及結論，大學教師可以藉此察覺別人已經探討到什麼樣的程度，自己可以再做些什麼；或者是他人的教學研究上發現了什麼問題，自己得要在類似的情境上避開或調整。

　　當檢索他人的研究論文時，最好記錄三個要素：1.研究主題、2.研究設計（研究對象、研究工具⋯⋯ ）、3.研究發現。因為在相關研究的寫作時，最好能掌握到這些要素——「誰、對誰、在什麼時候、針對什麼問題、運用什麼方法、發現什麼、提出什麼建議」，不一定全部都需要寫出來，但與自己研究相關的要素一定要提列出來。

　　他人的研究發現與自己研究之間所產生的缺口，是形成研究目的與研究問題的主要來源。相關研究的文獻探討與整理之後，釐清既有文獻已經探討與發現什麼，再提出自己和先前的研究有何不同之處，再說明理由或先說明理由亦可。

　　多數研究多以問題導向探討學生批判思考能力的改變情形（Ismail et al., 2018; Kumar & Refaei, 2017; Zhou, 2018），本研究以具有不同意識的議題作為培養批判思考能力的教材內容。由於學習者在問題導向學習中，需要了解與分析情境，專注在發展解決問題的策略，但合宜的策略來自於情境的分析，較少涉及個人意識；而議題雖然與真實情境案例有關，但個人發展觀點涉及學習者個人的意識。⋯⋯運用教育議題為教材以培養師資生的批判思考能力應具有可行性，但其批

判思考能力之提升則需要進一步確認。

　　簡單來說，教師在探討文獻後，需要產出自己的觀點，但此觀點是藉由文獻整理、組織與推論而來。不過，本書也要提醒教師，文獻探討有著引用他人文章的基礎條件，既是引用，就得要謹慎挑選被引用的文章。如果文章是來自不嚴謹的期刊或者是他人過於偏頗的言論，反而會讓自己的論述失去價值。當前無法針對哪些期刊提出嚴謹程度的說明，但一般來說，國外具有SSCI、SCI、Scopus、EBSCO 等資料庫索引的期刊，以及國內「臺灣人文及社會科學期刊評比暨核心期刊收錄」的期刊會比一般報章雜誌和學位論文嚴謹，而來自專業主題期刊或特定領域的期刊會比來自廣泛主題領域的期刊論文還要嚴謹。

第二節　教學方法的理論基礎

　　教學方法的文獻探討包含學理基礎，以及相關研究的發現，學理基礎說明如下，相關研究的發現則如同本章第一節的說明。

　　本書第二章提及，教師發想教學理念與建立教學方案，不能僅跟隨個人的意識，需要有教學理論知識為基礎，即使教師可以藉由多年教學經驗進行教學設計和察覺學生可能會有的學習表現，教學理論、模式或原則可以讓教師判斷教學問題，也可以作為調整教學的參考方向。

　　教學工作不應該僅是教師學會使用教學技巧而已，有時候某些教師看到其他教師教學中使用的討論活動與獎勵技巧具有成效後，便在自己班上嘗試運用，卻發現困難重重。會有如此情況，原因是該教師只知其然而不知其所以然。因此，大學教師在進行

教學實踐研究時，了解各種教學方法的學理基礎，可以讓自己的
教學設計流程與活動不至於雜亂不堪。

教學理論源自於學生的學習認知歷程

　　理論可以演繹出一些原則，亦即教學理論可以演繹出教學原
則、方法或結構，教師設計教學活動時會有一些原則、步驟、流
程與整體架構，這些內容均與其對應的教學理論有關。教師若能
掌握該教學理論的核心意義，在設計教學流程時，就能把各個教
學活動緊密關聯起來，產生流暢的教學設計。

　　教學理論與學生的認知歷程有關，換句話說，學生怎麼思
考，教師就要怎麼教。例如：當學生看到教師手上拿出一顆蘋
果，學生大腦會快速地與自動化地檢索類似的圖像（蘋果），便
很快地喊出蘋果，不過當學生一輩子都沒有看過蘋果，就回答不
出來。再提一例，當學生看到一部具有兩個坐墊、兩組踏板的腳
踏車，會檢索大腦中腳踏車的樣子，再與看到的現象進行對照比
較，便開始質疑，之後很快速地自己解釋腳踏車的功能，若教師
說出「協力腳踏車」這個詞語，學生便學習到「協力腳踏車」這
個知識。上述兩個實例是訊息處理理論的核心意義，該理論指出
「理解是發生在新舊知識的對照比較上」，亦即理解是學生看到
一個事物，其大腦便會主動檢索，進行自動化、理解與處理複雜
訊息等不同的認知歷程，其餘細節詳見下一個節點「促進學生知
識理解的訊息處理理論」的內容。

　　教學理論也具有預測與解釋現象的作用，例如：我們發現教
師在課堂中要求學生進行討論時總是不夠具有深度，那是因為教
師忽略了討論活動的認知歷程是組織、表達、聆聽、比較，以及
內化於心智等五個階段，當學生在討論前沒有組織想法，在對話

時就是表面談論而已。而上述的認知歷程是來自社會互動理論，其核心是「知識產出是個人與他人互動與協商交涉的過程」，轉化為認知階段，即是上述提及的「組織、表達、聆聽、比較，以及內化於心智」。其餘細節詳見後續節點「促進學生互動討論的社會文化取向的知識建構理論」的內容。

教師們可以查閱教學理論與方法的專書，知道每一個教學法的發展基礎、核心意義以及流程，進而將自己的教學理念轉化成教學活動設計。本書僅針對大學教師常用的教學方法說明之，部分內容取自我另兩本專書，均由五南圖書出版股份有限公司出版的《教學實務研究與教研論文寫作》和《素養導向的教學理論與實務：教材分析、教學與評量設計》，讀者若要深入了解，可以自行查閱。

● 促進學生知識理解的訊息處理理論

學生對知識的理解是發生在新舊知識的比較上，也就是說，學生若在新知識上欠缺比新知識低一階的舊知識，學生就很難理解新知識，導致可能強迫自己記憶，當遇到複雜教材知識時更無法理解。當這種現象愈來愈多，學生的知識就無法進階學習，這也是為何國內大學生的知識落差比其小學階段還要大的原因。

艾金生（Atkinson）和謝扶潤（Shiffrin）在 1968 年提出訊息處理模式（Atkinson & Shiffrin, 1968），之後蓋聶（Gagné）再於 1985 年修改為學習與記憶的訊息處理模式（Gagné, 1985），如圖 6.1。該模式提及學習者透過眼睛、耳朵、皮膚等「感官刺激」接收「環境的刺激」訊息，如果訊息沒有獲得學習者注意力，會以很快的速度「消退」，而若獲得學習者注意和知

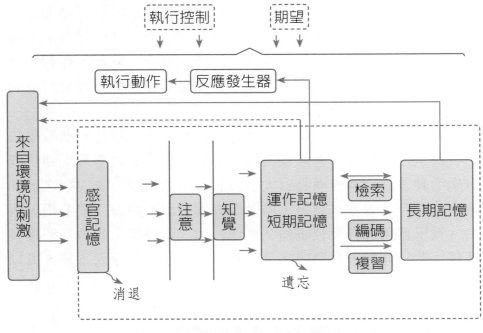

圖6.1　學習與記憶的訊息處理模式

覺，則會進入「運作記憶」中。

　　進入大腦進行認知運作會有三種作用，第一是自動化，針對早已熟練的訊息，由神經系統操作處理，例如：看到路口紅燈號誌不需要經過大腦思考，便知道要停車；其二是檢索大腦裡面早已留存的記憶（舊知識），對新進的訊息在「運作記憶」中進行對照比較，以判斷新訊息的意義。第三，如果透過感官接受的訊息過多或過於複雜的訊息，則需要大腦將複雜訊息區分成數個部分，一個部分處理完畢後（舊知識與新訊息比較對照），暫時放在「短期記憶」中，再處理另一部分訊息，待全部處理完畢後，也檢索大腦先前已有的訊息組織知識記憶，整合所處理過的訊息成為較為完整的知識體系。例如：閱讀一篇文章，讀者會先閱讀

標題，之後檢索大腦裡的字彙記憶，對照比較提出文章標題的意義；其次，逐段閱讀文章內容，如同先前，讀者將產出文章各段落的意涵，最後讀者會運用「編碼」策略，組織所閱讀的內容意義並做整合。不過，複雜訊息涉及到太多的舊記憶、認知負荷，以及訊息組織的知識，導致每個人閱讀新聞的訊息接受與理解各有不同。

　　妥善處理所接收的訊息後，如果學習者不經常「複習」，訊息很容易就會「遺忘」，隨著年齡愈大，遺忘速度愈快；其次，若學習者不常從大腦裡面「檢索」以前學過的訊息加以應用，也會容易遺忘。個體不斷透過訊息處理歷程擴充自己的「長期記憶」，未來學習相關的新知識就會學習得更好。為了藉由舊訊息得以成為新訊息的學習基礎，訊息需要不斷地被檢索與應用，而若過度複習和檢索，則會發展成先前所提之自動化（遇到訊息不處理直接反應）的歷程。

　　然而，處理與編碼訊息到長期記憶不一定學習的終點，有時需要學生對所接收的訊息做出「行為反應」（表現動作）。過於複雜的行為反應，學習者會將處理過的訊息與產出的反應先行置放於「反應發生器」中，處理訊息一部分或全部後，再逐漸地透過肢體動作表現出來。

　　不過，上述的歷程不一定在每個人身上產出相同的過程表現和結果，原因在於「執行控制」的作用。訊息處理理論之「執行控制」，會「監控」和「修正」訊息處理流程與產出的結果。例如：在注意力階段，有些人會選擇某些重點內容，有些人會忽略；在工作記憶階段，有些人會檢索更多的訊息對照，有些人只是單一判斷；在編碼階段，有些人會運用策略組織訊息，有些人只是強力背誦；在行為反應階段，有些人會整合所有步驟後再行動，有些人則想到就做。

最後，訊息處理理論也提及個人的「期望」影響著訊息處理的動機系統，如果動機被激發，訊息處理的歷程將更加流暢。

由訊息處理理論演繹出的知識理解教學法

訊息處理理論有四個關鍵認知階段，分別是注意力、理解、編碼與檢索以及心智技能，這四個重要階段可以演繹出四個教學原則。說明如下：

1. 注意力——呈現教材關鍵重點：由於學生認知負荷有限，在一定時間內也只能選擇自覺關鍵重要或顯著的訊息。提醒大學教師呈現教材時，非教材相關訊息勿干擾、勿多說，也可以指導學生注意到重要資訊，也可以再應用簡單問題於課前提示或課中提問，如此，亦可以確認自己提供的訊息是否與學生所接受的訊息意義相同。

2. 理解——協助新舊知識對照比較：講述教材時，可以從學生已經知道的、具有經驗的事物提起，並在說明新知識時，協助學生從舊知識去理解新知識，甚至並列在教材上。雖然學生的舊知識落差很大，但若能將知識建立具有層次的結構，可以幫助學生更好理解。特別是在基礎知能階段，若學生不理解基礎知能，教師後續給的高層次任務或小組作業，學生會有學習上的困難。

3. 編碼與檢索——協助整理與不斷複習：過於複雜的教材知識，教師要協助學生以有意義的結構（例如：畫心智圖、摘要筆記）之方法進行編碼與組織，協助學生將所學習的知識以編碼方式進入長期記憶；之後，重要知識再不斷地在後續的單元出現，以舊知識學習新知識。除了對學習的

知識有整體全面性理解外，所學會的新知識又變成下一個階段學習時可以檢索的舊知識，如此逐步進階學習。學習就在「注意力、理解、編碼與檢索」歷程中不斷發生。

4. 心智技能——指導學生學習策略：源自於訊息處理的「執行控制」概念，亦即個體能夠監控與修正訊息處理的流程，與做出自己認為最適當的行為表現。教師要指導學生學習策略，知道要注意什麼重點、如何找出相關訊息、如何組織，也指導學生如何安排處理任務型作業的順序。這種能力不同於教材知識、技能和情意，也不同於訊息編碼策略，是一種培養學生處理事情的能力，對學生完成作業任務是一種相當重要的能力。

促進學生互動討論的社會文化取向的知識建構理論

這是基於蘇聯心理學家維高斯基（Lev S. Vygotsky, 1896-1934）提及的論點，指出學習是透過語言符號與他人溝通，經過自己與不同來源訊息的對照、比較、調整或驗證，讓自己原有知識與思考進一步確認或調整（Vygotsky, 1986）。維高斯基認為人的思維和認知是在互動中發展起來的，是各種活動之社交作用不斷內化的結果，因此，學習的發展就是不斷地提供人與人互動的機會，才能產生知識結構的改變。

社會文化取向的知識建構理論對於知識學習的解釋是源自於兩個階段：社會互動與知識內化。社會互動是一種分享活動，透過語言為工具，相互對話與相互刺激思考；之後個人進行對照與比較自己與他人的觀點，再調整、修正、放棄或擴大原有觀點，這即是知識內化階段。

不過，在社會文化取向的知識建構觀點中有一個非常重要的

關鍵，即是互動雙方要能分享自己觀點和聆聽別人觀點，再進行比較對照。如果單一方沒有先行產出想法，便與他人交流，可能導致只有聆聽，甚至抄襲他人而已，這樣便失去知識社會建構是由「藉由與他人互動重組自己知識」的意義。

社會文化取向的知識建構理論演繹出的討論教學法

社會文化取向的知識建構理論提出兩個階段：社會互動與知識內化，這可以演繹出討論教學方法的流程。

1. 社會互動：教師提出問題後，要求學生先思考自己的答案或觀點，或者先寫自己的作業；等待大家都有自己的觀點後，再進行學生配對或小組輪流分享，而互動要能成功的關鍵在於每一個人要先產出自己的觀點。
2. 知識內化：當每位學生分享後，鼓勵學生思考自己的觀點和他人觀點的不同，可以進行質疑與請教，之後再調整、修改或擴大自己的觀點。需要注意的是，這種同儕討論不需要共識，也不是相互指導與回饋。

許多教師經常運用討論教學法提供學生互動學習的機會，但如同上一段所言，許多教師忽略讓學生先對問題或教材產出自己的觀點，導致學生只有聆聽，甚至以某個人的觀點進行討論，也容易發生指責與衝突的現象。教師要掌握學生互動是基於「藉由與他人互動重組自己知識」，「重組自己」之意在於「自己原有的觀點產生變化」，而產生變化是讓自己學得更好，對知識更深入理解、更完整看待每個細節，討論教學法的目的即在於此。

大學教師在將討論教學活動寫入教學實踐研究計畫時，可

以把上述的重點轉變為步驟，搭配教材內容，寫入教學大綱內。教師也可以將這個理論精髓再擴大成小組與小組之間的分享與互評，亦即原是個人與個人的同儕互動討論，變成小組與小組的分享與回饋，這可以成為一學期課程後半段時間重要的教學方法。

促進學生小組合作的合作學習理論

小組合作學習的學理基礎來自於相互依賴（social interdependence）理論（Johnson & Johnson, 1987）。社會相互依賴觀點認為唯有個體與團體中其他成員一起達成共同目標時，才是自己目標的達成，這種結果促進彼此合作、鼓勵並幫助別人學習；然而，當個體發現別人的成功會排斥自己的成功與獎勵，則產生消極的結果，這種結果產生了競爭的行為；另外，當個人在目標的努力自認為與他人無關，也不會受到別人影響，這種結果產生個人與團體互不依賴的情形。Johnson 兄弟認為學生若要具有學習成效與發展正向的學習態度，增加學習興趣，則彼此合作進行學習的效果最佳。

小組合作學習源自於美國反種族隔離政策，一位教授將黑人、黃種人、白種人等各種學生安排在一起進行共同學習，原本認為這樣安排會讓各種族學生自己做自己的事，學習情形可能不佳，想不到在合作任務上精心設計（任務細節需要黑人、黃種人、白種人各種做事的風格），讓各類型的人都可發揮特質，相互補足，進而達到任務學習的目的。這也提及了合作學習的異質性分組是讓每一個人的特質都可以發揮，相互學習且貢獻小組任務，而非指高成就學生和低成就學生安排一組的異質性分組。另也提及了小組「合作學習」，而非小組「分工」或「小組學習」，真正價值是小組成員各有特質，相互學習與仿效，並共同

完成單一個人很難完成的複雜任務。合作學習之意涵如同其名，在合作中學習，每個人都要貢獻小組，以及「每一個人都可以在合作過程中相互學習」。

合作學習理論演繹出的合作學習教學法

合作學習理論有兩個重要原則：異質性分組、成員貢獻小組中相互學習。這可以提醒教師若要在教學實踐研究中採用合作學習進行小組任務的學習或評量時，需要特別留意與設計之處。

1. 異質性分組：教師可以在設計任務時，指出每個任務要完成需要的各種能力，例如：訪談能力、電腦繪圖能力等，提供學生組織小組成員時的參考。理想的狀況是，每個小組中均有完成任務所需的能力之人，如此便可以達到異質性分組與個人貢獻小組的目的。如果教師發現有些學生可能人際關係不佳或者是先前的經驗難以和他人組成一組，教師除了提醒這些學生外，也可以改變該組的小組任務，讓每位成員都可以發揮自己的角色功能。

2. 成員貢獻小組中相互學習：小組合作學習不應該只是把任務進行分工，每個人完成後要和組內同學結合在一起且相互調和後才算完成，更不可能由某個小組成員一手包辦就可。教師設計小組任務時，得先思考該任務是一個人無法完成的，例如：拍攝影片，需要有人寫劇本、掌鏡、有人演戲，且工作量繁重，難以一個人完成；其次，為了完成小組任務，掌鏡和演戲的人需要了解劇本的寫作與流程，寫劇本的人也需要知道演戲的人是否充分掌握故事細節。如果教師的分數是採用「個人分數＋小組分數」，例如：

82+6、75+6……，根據我的經驗，小組成員間就會相互
交流與討論，這即達到相互學習的目的，亦即每個人雖然
只負擔一部分任務，但也知道其他人負責的任務，並可思
考整個任務的進行。

小組任務型作業幾乎是大學教師常用的評量方法，但能充分
發揮合作學習理念的學生並不多，原因在於教師的任務設計與小
組互動的安排不夠符合合作學習的理念。大學教師在撰寫教學實
踐研究計畫時，若有大任務的安排，就需要把合作學習理論所演
繹出的教學原則轉化為教學活動。本書建議，在文獻探討時，就
提出合作學習的學理基礎與原則，之後，在研究方法與設計中，
再將教學原則轉化後的教學活動流程寫出來。如此，不僅讓教學
活動具有學理基礎，教師也可以掌握合作學習的教學歷程。

第三節　一學期教學大綱設計

教師針對課程內容進行文獻探討，可以發現教材內容的概念
與通則，以及整體課程的範圍、內涵與深淺程度；教師也針對教
學方法進行文獻探討，可以知道教學方法的運用與轉化為教學流
程，具有階段、步驟以及該注意的現象。當兩個重要內容具有文
獻與學理基礎後，就可以嘗試編排組織成一學期的教學大綱，包
含教學架構、階段及各週時間或各單元要學習的內容，以及要進
行的教學活動。

建構教學階段、教學目標與其順序

教師可以思考所開課的課程主要期待學生學會什麼知能，
可能包含某些知識、某些能力，也可以讓他們將所學應用在實務

中。若有三項，就至少可以發展成三個教學目標。

　　教科書的內容是可用的，不過，本書建議大學教師要有大單元設計的想法，且要確認每個大單元學生需要學習的內容，以及需要的先備知識。亦即可能前面幾個單元是屬於通論，主要學習該課程的基礎概念，教師需要從具有先備知識的課程先講起，逐一講述各重要基礎概念；之後是主要內容，教師藉由先前的基礎知識逐一呈現，可以採用講述與討論的方法，使學生知道這些內容之間的連結，以及在實務上可能怎麼運用的原則；最後可能要求學生實作，教師可以運用合作學習的方法，提供學生小組完成任務的學習機會。上述三者，便可以發展成「1.學生學會……知識、2.學生能分析情境問題的……、3.學生能表現出……的能力」三個教學目標。

　　一般來說，通論是屬於基礎知能，而能夠在實務應用或思考問題的第二階段內容是屬於進階的教材內容，這些內容可能會在通論時略提，但在此階段會更詳細地說明。不過，本書強烈建議教師，除了不要把整學期的教材內容分割為十六個單元，進行每週的單元教學外，在進階內容的學習後，能夠安排學生實作或討論的機會，也可以在實作或討論後進行發表與分享。

確定每個階段的內容細節、活動與評量設計

　　當每個教學階段都確定後，可以提出每個階段的教材單元，也需要提及該教學階段要採用什麼樣的教學方法。另外，每個階段若有教學目標，也需要決定要設計什麼評量活動，以確認學生學習是否達到教學目標。

　　採用各種教學方法時有其要注意之處，講述時搭配簡報，得要從先備知識講起；討論時要先設計學生自己先寫下或產出自己

的觀點，再進行分享與討論；要求學生合作學習時，需要協助學生異質性分組，再關注他們的分工與組織。這些細節最好呈現在教學大綱中。以下提供兩個實例，第一個實例如表 6.2，每一個階段寫出學習內容與教學活動，並搭配評量活動與研究資料的蒐集。

表6.2　教學階段、教學流程與資料蒐集對照表

	第一階段	第二階段	第三階段
週次	第一週至第六週	第七週至第十五週	第十六週至第十八週
教學流程	跨領域教學的理論、概念、類型、作法、時機等內容講解與實例探討	小組跨領域教學方案的實作，包含同步視訊與專家教師互動	各組分享與報告
資料蒐集	第六週 學習成就測驗	第七週至第八週 第一次焦點團體訪談 第十三週至第十四週 第二次焦點團體訪談	第十六週至第十七週 繳交各組作業報告 第十八週 參與知覺問卷施測

　　第二個實例如表 6.3，每一個階段寫出學習內容與教學活動，再把討論活動的議題並列呈現出來。

表6.3　教學階段、教學單元與教學活動對照表

	第一階段		第二階段		第三階段
週次	第一週至第五週	第六週至第十週	第十一週至第十五週	第十六週至第十八週	
教學單元內容	基礎知識（課程定義、意識形態、發展模式）	課程設計（目標、選擇、組織、實施、評鑑）	與社會相關的議題（十二年國教、學校本位、跨領域、改革議題）	回饋、檢討與分享	

表6.3　教學階段、教學單元與教學活動對照表（續）

	第一階段	第二階段		第三階段
教學活動	實體教室教學	實體教室教學 線上討論	實體教室教學 線上討論	實體教室教學
討論議題	無	目標、選擇、組織、實施、評鑑（第六週的「目標」議題作為訓練用，不列入資料分析）	十二年國教、學校本位、跨領域、改革議題	無

　　除了上述階段之表格外，教師需要再說明每個單元的學習內容，該課程內容有哪些的概念與通則、技巧與能力，以及情意因子，這些重要的元素可再用細部表格呈現或文字說明。

　　教師可以再將上述的階段與內容，發展成一學期十八週或十六週的教學大綱，但本書建議教師在開學之初介紹該課程與教學活動時，可以再提供上述表格的內容，除了教師講解課程與教學設計的理念外，也可讓選課的學生察覺不同階段的邏輯關係和應該要做的準備。

小結

　　文獻探討是教學方案的重要基礎，教師研究的主題、定義、細節內容都需要有文獻的支持，而探討前人已經進行過的研究，了解其研究發現可以讓教師們避開教學困境，也可以讓教師知道「缺口」，進而提出創新的理念與教學方案。

　　再者，教學方案的設計指引著教師教學的進行，而教學的目

的在於促進學生的學習理解與素養的形塑。學生的學習理解是有
一些準則與歷程，教學理論是根據這些準則與歷程發展出來，因
此，教學理論對教學方案有其重要的指引作用；換句話說，教學
方案的文獻探討就涉及到教學理論的閱讀與理解。

　　大學教師在申請教學實踐研究時，需要提出一學期的教學大
綱，這些大綱內容不能僅是像傳統大綱那樣只是每一週的教材與
教學活動。教師需要在計畫或論文中說明所有教材內容與教學活
動設計的理念，藉由文獻與學理基礎，分別每個階段的理念、目
的，以及關鍵作為。

　　教師具備教學方案的設計知能，並如此設計與實踐後，當
發現學生的學習困難時，就可以藉由學生表現的資料解釋那些經
過文獻探討而產出的教學方案之可行性。更佳的是，教師若能參
閱本書第五章，提出具有創新理念且經過合宜文獻探討的教學方
案，資料蒐集與分析後便可以確認這樣的教學方案之價值性。

參考文獻

Atkinson, R. C., & Shiffrin, R. M. (1968). Human memory: A proposed
　　system and its control processes. In Spence, K. W., & Spence, J. T.
　　The psychology of learning and motivation (*Volume* 2). New York:
　　Academic Press. pp. 89-195.

Gagné, R. M. (1985). *The conditions of learning* (4*th*). New York: Holt,
　　Rinehart & Winston.

Johnson, D. W. & Johnson, R. T. (1987). *Learning together and alone:
　　Cooperative, competitive, and individualistic learning*. Englewood
　　Cliffs, NJ: Prentice-Hall.

Vygotsky, L. S. (1986). *Thought and language* (2*nd*). Cambridge, MA: MIT
　　Press.

第七章

核心知能三：
研究方法與研究工具

　　研究方法在教學實踐研究的使用，是「教學」和「教學研究」的差別之要素，教學是以評量結果檢視學習成效，而教學研究是以研究方法檢視教學方案的擬定、實踐過程與實踐成效，因研究方法涉及到蒐集資料與分析的技術，因此，可以用來蒐集資料的研究工具，以及資料蒐集後的分析方法是教學實踐研究的核心知能。

　　每一種研究方法都有其理念與研究設計的方式，以教學實踐研究而言，質性研究方法比量化研究使用得多。除了參與學習的學生較少（有時還未達 10 位）的因素外，其主要原因是教學本是複雜的工作，涉及到學生的認知歷程與心理知覺，這些難以用五點量表去衡量。即使量化相關的資料蒐集技術有時也會被使用，但根據我的經驗，那僅在於呈現某種狀態，教師仍需要去探討與解釋學生表現的原因。

第一節　教學常用的研究方法

　　教學實踐研究常用的研究方法包含質性研究法，如觀察、訪談等，以蒐集非數字類型的資料為主；部分量化研究也偶爾被使用，例如：準實驗設計法、問卷調查法，以蒐集數字類型的資料為主；也有一些研究將多種研究方法融合，稱為混合方法研究（mixed methods research）。再者，不以資料蒐集技術取名，

而以特定案例的深度探討以了解集體意識，可稱為個案研究法。另外，若考慮到方案在實踐過程中的行動、省思與再行動，即是一種行動研究法，此章提及上述研究方法的核心理念。

質性研究 —— 觀察法

　　教室內的觀察是屬於自然觀察還是特定情境的觀察，要依觀察的目的進行判斷。如果是進到學校或教室，觀察師生在自然情境下的表現行為，記錄後再分析與解釋，以了解師生平時的教與學之狀況，這屬於自然觀察。不過，若以教學方案的實踐與其學習成效的檢討，是在教學設計後，觀察學生表現，分析後再回應到教學設計，在觀察情境有教師介入的行為，而觀察學生表現也有特定的觀察項目，在分析上也需要對照教學目標。因此，教學實踐研究的觀察法傾向是特定情境的觀察，非自然觀察的情境。也因為自己是教學者，既教學又觀察，在觀察研究類型中，教師是一種完全參與者（例如：教師上課時觀察學生的表情回應）或投入參與的觀察者（例如：教師從旁觀察學生小組討論）；如果是請同儕教師協助教學者觀察，那同儕教師可稱為投入觀察的參與者（在觀察情境中但不參與）。

　　觀察法是以觀察學生行為表現為主，通常是學生動態的表現，小至手勢與肢體行為，大至同儕互動以及在情境中的行動表現，但不是指觀察學生的書面作業或作品，若是後者，則採用內容分析的技術。

　　教師在上課中觀察或在學生活動中觀察，自己就是研究工具。在學校作業中使用量角器，量角器是一種工具，用來檢視角度；在社會科學中，工具是一種蒐集資料的人與物（問卷、訪談大綱、觀察紀錄表），教師透過眼睛蒐集自己認定要記錄的資

料，教師即是研究工具。通常教師觀察時會使用觀察紀錄表、評分表，或做筆記。但不管如何，觀察紀錄表和評分表要有觀察的項目，做筆記則是觀察項目在教師心中，當學生學習表現出現時，教師需要判斷是否需要記錄，記錄到什麼程度。

　　觀察法的採用時機是，如果教師想要蒐集學生的學習表現和表現程度等資料（例如：上課發言次數、學生討論時說的話），以判斷所發展的教學方案是否促進學生投入學習或具有特定表現，那教師就要先探討文獻，提出觀察的向度內容，在於研究方法與設計中之研究工具區塊中寫出採用觀察法，並且把觀察表格或向度寫出來，也需要再說明觀察的時機。

● 質性研究 —— 訪談法

　　訪談是以蒐集口語和文字資料為主，部分訪談研究會涉及到身體語言。然而，要蒐集到充分的資料，得要訪談者順利啟動訪談的流程，若提示得當，有助於真實資料的蒐集。

　　訪談再分為結構化訪談、半結構化訪談、焦點團體訪談。每一種訪談技術都有其需要事先建置的訪談題綱，但在實施上略有不同。

　　結構化訪談是使用正式的訪談問卷，不可以跳脫，訪談者的行為與語言都有設定，類似問卷調查，但結構化訪談不是蒐集數字上的資料，是蒐集簡短的語言資料，但語言的長度取決於受訪者的回應。

　　半結構化訪談是以原有訪談題綱啟動對話，但在受訪者回應後，若訪談者想要更進一步了解其背後原因或請受訪者根據經驗提出觀點，便可以在受訪者回答後，以受訪者的回應轉變為深入探究的問題，繼續請受訪者解釋與提出觀點。

　　焦點團體訪談，又稱為團體訪談，是指同時面對一群人進行訪談，通常是 3 人以上，10 人以下。不過，這種訪談不同於先前的訪談是因為受訪者可以聽到其他受訪者的想法與觀點，導致他們是否願意表達心中的知覺與真正的看法，是一大挑戰。通常涉及對事務或事物的觀點會比較願意表達，若涉及到個人內在知覺或焦慮情感，就得要受訪者先前的準備以及過程中的指引。其次，受訪者若不願意發言，但其他受訪者滔滔不絕，可能會影響訪談資料的偏頗。再者，如果產生衝突或相互質疑，訪談者得要採取適當的行動，甚至停止。

　　訪談法的採用時機是，教師想要了解學生在學習過程中對自己、對方案、對同儕，以及對教學情境的心理知覺和觀點，再判斷需要的資料深度，以及判斷是否受訪者在眾人面前比較願意表達自己的因素後，就可決定採行哪一種訪談技術。不過，訪談的難度比觀察還要高，是因為訪談時需要一邊蒐集資料，一邊進行資料的暫時性分析，也就是訪談與分析是並行的，特別是半結構化訪談和焦點團體訪談。因此，除了訪談者也是研究工具的角色外，訪談前的文獻探討，以確認訪談題綱的效度是相當重要的。當工具不準確，所蒐集的資料就無法使用。

量化研究——準實驗設計

　　實驗法是指研究者安排兩組或以上的團體人員，探討某個設計或要素是否受到影響或具有因果關係。不過要能真正決定某個要素是否真實具有影響因素，得要控制好其他的情境變因，也因為一般教學情境無法做到如此，才使用準實驗設計。

　　基本上，準實驗設計在教學研究上的應用，探討的效果來自於研究對象，但由於無法將研究對象隨機分派，因此，在解釋上

容易受到質疑。不過，仍有一些方法可以處理，例如：兩組均進行學習效應的前後測，以前測當共變數，了解兩組後測的差異，確定所要探討的因素是否存在或假設是否成立。

　　但如果沒有兩組或兩個班級作為研究對象，也可以針對某一組或一班學生進行前後測，即是單一組前後測實驗設計，以統計分析方法了解其前後差異，再從差異情形去判斷學生經歷過教學方案之後，學習效應更好、更不好，或沒有統計上的差異。然而，這樣設計而產出的結果，很難判斷學習效應與教學方案的因果關係，常受到質疑。因此，本書建議即使採用準實驗設計，無論兩組對照或僅一組比較，仍要搭配其他的資料，多元檢證，共同解釋學習效應。例如：學生的參與知覺經前後測之後，明顯提升，而學生接受訪談時也表示上課相當投入，再加上學生作業表現好或成績明顯進步，如此，藉由多個資料共同解釋教學方案的學習效應。

　　準實驗設計的採用時機是，當教師想要了解學生接受某個教學方案後，其學習效應是否有顯著地改變，得要先發展該學習效應的研究工具，在盡可能控制其他效應下，先進行前測，實踐教學方案（若兩班或兩組，一組以傳統或常態方式進行），之後進行後測。需要再提及的是，上述提及的學習效應最好是學生的心理知覺或心智能力，不要是學習成就測驗，因為若前後兩份學習成效測驗是相同，會有記憶問題而影響效果的解釋；若採用兩份不同的測驗，還得要確認其難度與鑑別度，相當不容易實施。

●量化研究——問卷

　　嚴謹來說，教學實踐研究不應該採用問卷調查法，因問卷調查的對象需要根據母群體計算，至少要有一定的數量，而教學研

究的學生數大約幾十人，甚至只有十幾人。除非教師想要調查全校學生在某個課程的知覺，以作為教學設計的起點，否則強烈建議教師，不要寫出問卷調查法。若僅是要採用問卷了解自己班上學生的學習效應或心理知覺，就提出「使用問卷」的字句即可，避免審查者看到「調查」兩個字後給個母群體何在的意見。

　　使用問卷可以蒐集學生對自己（例如：自我效能、焦慮）、對教學方案（例如：動機、態度、參與度）、對同儕（例如：人際關係、同儕互動），以及對教學情境（例如：教學設備、教學資源）的心理知覺等資料，也是採用其他研究方法時可以使用的研究工具。

　　使用問卷的採用時機是，教師想要對自己教學的班級蒐集學習效應或心理知覺的資料，以文獻探討為基礎設計問卷，並在工具的發展上考驗效度與信度，對學生進行施測。通常是以李克特量表（Likert scale）編擬，蒐集後根據資料分析的需求進行統計分析。

● 混合方法研究

　　從名稱來看，亦即在一個研究計畫中同時採用多種研究方法，一般人可能會誤解混合方法研究一定是整合量化與質性方法，事實上，也可能是研究中採用多個量化或採用多個質性方法。在研究方法的採用上，要基於研究目的，再依據研究目的進行研究方法的設計。

　　如果教師發展一個創新教學方案，要察覺此方案是否可行，進而思考「可行」的判定，需要包含學生要有高度學習動機，也能激發學生上課高度參與，並且獲得某種程度的學習成效，最終推論該教學方案的可行性，此「學習動機」、「高度參

與」和「學習成就」分別需要各種研究工具以蒐集資料，這即是一種混合方法研究。

如果教師想要探討學生的學習困難，學習困難是不明確的概念，因此，教師可能以訪談先了解特定學生的學習狀況，在分析資料後編擬成問卷，了解其他學生是否有此狀況，可以採用「先質性方法再量化方法」的混合方法研究。

如果教師想要探討學生在某個學習效應（例如：學習成效）的深度與細節，先以問卷或測驗蒐集全班學生的學習效應，分析後再設計訪談題目，了解低成就學生的學習理解情形，更深入地探討學習成效與解釋其原因，可以採用「先量化方法再質性方法」的混合方法研究。

如果教師想要探討學生在某個學習效應（例如：學習動機），但不確定單一項研究工具是否能夠真實地反應出學生的學習效應（或可能產生工具使用上的偏誤，如學習動機之自陳問卷是否真能呈現學習動機的意義），因此，針對同一個學習效應，進行兩種不同研究工具的資料蒐集（學習動機的問卷、訪談學生的學習動機），再將兩種工具蒐集的資料進行對照比較，這可以採用「量化方法與質性方法並行」，也可能是「多種量化工具並行」或「多種質性工具並行」的混合方法研究。

不過，還有一個需要思考的面向，教師在寫教學實踐研究計畫時可以檢視自己的研究理念與研究目的，再進行適合的混合方法研究設計。表 7.1 提出三種類型的混合方法研究，分別有不同的研究目的與設計理念。一些研究者認為採用多種研究方法可以進行資料的三角檢證（triangulation）或多元檢證，混合方法的研究則高過於這個意義。若是談三角檢證，則會有資料一致或不一致的問題，但混合方法研究可以再從許多面向的資料去探討一個完整的現象或議題（因不同面向的方法與工具可以呈現不同面

向的知識意義），如表 7.1 的第一種類型。教師採用混合方法研究設計時，可以再思考是採用多種方法以共同推論或探討某一探討內容的真實意義，還是想要更加深加廣地探究某個現象內容，抑或只是運用多種方法對單一工具在探討內容上所可能產生的偏誤進行相互補償式地檢證。

表7.1　三種類型的混合方法研究之研究目的與實例

	研究目的	圖示舉例	設計理念
第一種類型	發展、建構與創新某一個課程與教學方案	學習參與的觀察　學習動機問卷　學生作業測驗分數　確認教學方案可行性	以多種不同的研究工具，共同推論某一方案的可行性。
第二種類型	深度或廣泛地察覺學生在某一（未充分明確）學習效應的現象或問題	學習成就測驗 ＋ 訪談低成就學生 ＝ 察覺真實學習困難	加深加廣地探討某個學習效應，確實發現學習效應的關鍵內容。
第三種類型	探討具有明確定義的學習效應	學習動機問卷　訪談學生學習動機 → 確認學習動機	相互補償單一研究工具在解釋某一學習效應工具之可能偏誤。

● 個案研究

個案研究之理念並非純以「一個」班級、「一門」課程或「一個」對象之探究為名，而是為了解某個集體意識，深入探討某個具有代表性的特定個案，包含其所有相關的人、事、物之現象。因涉及個案內廣泛要素的資料蒐集，個案研究採用的資料蒐集技術可以包含觀察、訪談，以及各種內容文件資料等質性與量化的方法。

而在個案的選定上，是一種立意取樣，以某集體意識中普遍存在的特徵或屬性，選擇可以藉此了解該集體意識的代表個案。研究者需要先廣泛地了解當前社會的現象與意識，之後，選擇可以藉此了解該現象意識的代表個案進行探討。因此，在資料蒐集與分析上，研究者也要從大方向廣泛思考，不能缺少足以解釋現象的向度。不過，其限制是所有資料都是以描述與解釋的方式呈現，較難有實驗設計的過程或因果關係的結論。

採用個案研究的時機是，教師知覺當前有個教育新思維，自己想要在教學中嘗試了解，例如：早先幾年，磨課師（MOOCs）在大學課堂中掀起一股風潮，許多大學紛紛建置相關機制，某位大學教師想要了解磨課師對大學生學習上的現象與知覺，因此，選取自己一個大學課程以磨課師的理念進行設計與實踐，再採用個案研究法進行探究。不過，舉凡課程、教學、評量、線上、互動……要素都需要去蒐集資料與釐清細節，最後提出描述與解釋該課程方案在某個領域的課程中實踐之可行性與觀點。

● 行動研究法

行動研究是以應用研究的方法去解決一個實務上的問題，強調從做中學，是一個「確認問題、計畫與提出方案、實踐與行

動、蒐集與分析資料、評估問題的解決程度等」循環的歷程。簡單來說，即是「研究」「行動」，或是為了「行動」而「研究」。

　　行動研究之目的在於發展新的方法與方案去解決某個問題，或者因應某個需求提出一個創新的理念與方案去實踐，再透過研究的歷程，調整與再行動，逐步建構新方案的架構。在研究歷程中，可以使用質性與量化的研究工具蒐集資料，例如：在一段行動歷程後進行訪談與分析學生作業困難點，再修改方案與再度實踐後，可能採用問卷了解學生對自我學習歷程的知覺。

　　然而，在行動研究中，關於資料分析與行動評估都是研究者自己為之，難免會受到主觀意識的質疑，因此，進行行動研究時，可以邀請其他專業人士組織社群協助檢視資料，甚至一起參與創新方案的建構。

　　行動研究對學術的貢獻不在於產出新的學術價值，即使教師提出創新理念與方案，也是基於自己的情境發展，在自己的情境中提煉。若對學術上有貢獻，應該是將知識價值應用在實務中，也就是說創新教學方案在「實務應用的價值」。

　　採用行動研究的時機是，教師若知覺學生在學習上存在些許問題，且問題比較模糊，在文獻探討後發展一個教學方案或教學模式，意圖解決學生的學習問題，不過，該教學方案或模式可能在過程中，根據學生表現分析，進行調整與再試驗，如此逐步解決原有模糊且複雜的學習問題。

第二節　常用的質性研究工具

　　本章第一節提到教學實踐研究常用的研究方法，因為許多研究方法都可以採用質性或量化工具進行資料蒐集，因此，本書特別將研究工具的編擬列出一節說明，不與研究方法搭配。以下先

說明質性研究的發展與設計。

● 訪談題綱的設計

先前提到採用訪談法是想要了解學生在學習過程中，對自己、對方案、對同儕，以及對教學情境的心理知覺和觀點。在訪談題綱的編擬上（本書將訪談用的稱為題綱，因有開放性的訪談目的，而問卷用的則稱為題目），需要先確定資料蒐集的方向。教學實踐研究是以教學方案與學習效應共同架構，採用研究方法去蒐集教學時學生的學習效應之表現，因此，在編擬訪談題綱時，就聚焦在學習效應之表現上。

採用訪談與問卷，都可以蒐集學生對自己（例如：自我效能、焦慮）、對教學方案（例如：動機、態度、參與度）、對同儕（例如：人際關係、同儕互動），以及對教學情境（例如：教學設備、教學資源）的心理知覺與觀點等資料。訪談與問卷的差別在於訪談題綱是屬於開放性，或先讓受訪者確定回應的面向後，再刺激受訪者提出更深入的資訊。

有些學者認為訪談是訪談受訪者的經驗，不是訪談他的心理知覺與觀點，他們認為心理知覺與觀點是研究者自己分析、歸類與建構的。這通常適合那些涉及深度文化之人類學相關研究，對於教學實踐研究而言，本書仍然建議可以蒐集學生的心理知覺與觀點，不過，先喚起受訪者先前的經驗是必要的，請參閱下列第3點的說明。

因此，本書建議提醒教師，在訪談題目上設計一兩個導入性問題，喚起學生學習記憶，引起學生回憶經驗，先多談一些類似的事實與經驗，學生在後續屬於觀點上的題目之回應就會從他們的經驗連結起，或者是從經驗中歸因，不會從意識型態去回應。

例如：如果問學生對於某門課知覺為何，學生可能就會從喜歡老師、喜歡同學，甚至對早上八點上課等困擾回答，教師就可能誤認學生喜歡或不喜歡，或者解釋這門課有問題。

　　教師根據研究提及的學習效應編擬訪談題綱時，有五個步驟可以參考：

1. 先探討文獻，了解該學習效應的定義與所包含的面向內涵，再把各面向的定義寫下來。這些資訊也要簡略地寫在研究方法與設計之該研究工具的區塊內。

2. 根據上述各面向的定義，各編擬一至兩題開放題，如果可以從具體的知覺到抽象的觀點排列，更好。根據文獻之多面向與其定義而編擬的訪談題綱，就可以稱具有內容效度。一般而言，每一位受訪者的訪談時間大多設定在一小時，因此，本書建議訪談題綱總數可以設定在五至八題，不過這還得考慮訪談者的訪談技巧。

3. 根據文獻編擬題目後，根據我的研究經驗，建議教師們可以在訪談題綱前先發展一或兩題的導入題。這種導入題是先喚起學生的經驗（包含做過的事、看過的內容），除了引導學生回答後續題綱時用這些經驗為起點發想，也避免學生從意識型態或者是對事物的認知去思考與回應。

4. 邀請同事或校外專家協助幫忙，一些論文審查者會想要知道這些專家為何可以成為研究訪談題綱審查的專家，撰寫論文時需要寫出來。研究者需要將文獻提列各面向的定義與所發展的題綱，傳給這些專家作為檢閱訪談題綱的背景知識或以焦點座談方式審查，專家給的建議可以提供研究者省思與調整的參考，並非一定要完全遵循。

5. 在實際訪談前，可以再增加一個步驟，亦即是「試訪」，

也就是說先找一位非未來邀請受訪的學生，先行訪談。這雖然非必要，但除了考驗題綱是否足以讓受訪者提出心理知覺與觀點外，也訓練自己訪談的技巧。

本書第三章第三節已經提出要書寫的內容。另外，有些研究會將訪談後的資料分析和研究工具寫在一起，通常研究計畫會分開書寫，研究報告則會整合摘要書寫。

● 觀察紀錄表的設計

以教學實踐研究而言，觀察的目的在於蒐集學生的學習表現資料，以回應研究主題涉及的學習效應（學習成效和心理知覺均可），不同於訪談（通常是心理知覺，而非學習成效），以觀察技術蒐集的資料是學生實際的行為表現，而非其口語內容。也因為需要回應學習效應的判定，觀察時需要有學習效應所發展的面向與細節，而一些研究者便把這些面向與細節的內容，發展成觀察紀錄表或評分表，若僅用筆記記錄（可能是無明顯觀察向度），本書建議教師可以把需要關注的焦點先寫在筆記頁上方。

觀察紀錄表或評分表可分為兩個意圖，其一是評定學生的學習成效，可視為評量，例如：上臺表演、實作技巧……；其二是蒐集學生的行為表現，例如：參與討論的情形……。前者涉及學生學習成效的判定，後者僅是行為表現資料的蒐集。

以蒐集學生學習成效為主的觀察紀錄表或評分表，包含向度與程度，若僅是單一技巧的表現（例如：操作某個連貫性動作的技巧），舉例如表7.2。表中關於「完成程度、時間速度、細部表現」等向度，最好要有文獻觀點支持，至少教師要說明這些技巧與向度的關係。

表7.2　以單一技巧的觀察紀錄表之實例

	完成程度	時間速度	細部表現	（自行補充）
不適合				
做得很好				
中等程度				
非常不好				

　　教師也可以邀請同儕教師協助進入教學場域觀察學生的表現，或一起針對學生的任務表現進行評分。

　　如同先前訪談題綱的信度考驗，教師先進行學習效應的文獻探討，指出向度與其定義，其次編擬好觀察紀錄表或評分表後，邀請專家學者幫忙檢視，細節請參考訪談題綱的內容。

　　教師可以在研究方法與設計之該研究工具的區塊內容中，提及 1. 觀察的目的；2. 摘要文獻並提出該工具涉及面向的定義；3. 每個面向編擬的觀察向度，提出觀察紀錄的表格（除非無明顯觀察向度）；4. 觀察對象的選取；5. 觀察的時機、時間與方式（例如：協同觀察者）。另外，採用觀察所蒐集的資料如何分析也要說明，或在資料分析的區塊內容中說明。

●學生任務型作業的評量設計

　　大學課程有許多的評量涉及報告、任務，甚至是音樂、舞蹈，以及產品製作的表現，這些表現不僅評量「什麼」知識與能力，也可以評量「如何產出」，以高等教育而言，大多數的課程都會有如此設計。

　　教師設計任務時，要先思考學生需要運用「學過的哪些知識和要如何整合」，讓任務型作業對照學習內容的重點知識，若能

說明清楚重點知識、教學目標與任務之間的關係，此任務型作業就會傾向具有內容效度。

這種表現為主的任務通常不會有單一模式的實作準則，學生被鼓勵或被要求以課堂所學習的知識，再以教師提供的各級標準，在逐次學習與練習中完成作品，並且論證自己作品符合標準或是更高的創意價值。部分教師會將任務型作業套入問題情境中，更能貼近生活或職業現場，可以讓學生知覺任務型作業在實作上的意義。

表現任務一定涉及多面向的知能，否則可以用簡單的觀察紀錄表即可，多面向的知能來自於教師根據課堂知能所設計的表現標準，如果要求學生提出一個口頭報告，教師可能期待報告的內容深度、表達能力，以及簡報資料的邏輯性，這些即可以是表現標準。

然而，表現標準也需要文獻探討，亦即是關於學習效應的探討。例如：教師發展某個教學方案，並期待學生能設計出一個創意作品，在教學之後，學生就要繳交創意作品，那教師就需要先探討創意的內涵，並轉化為表現標準，通常會有二至四個面向，也要在學生表現創意作品前，提供這些表現標準給學生。由於這些表現標準是經過文獻探討，因此，該任務以及任務的評分標準表就會具有效度。如果教師比照訪談題綱那樣，邀請幾位專家教師一起討論及給予回饋，此任務與其評分標準表效度更高。

評分標準度有向度與級分（或程度）的要素，向度即是上述提及的表現標準，而級分是表現程度，程度可以區分成五種程度，有100%、80%、60%、40%、20%之意，評分表可以參考本書附錄文章內的實例。向度與級分交叉就會有某個向度某個級分下的表現行為細格說明，當學生了解這些細格說明，便可以察覺自己的任務可以再做什麼調整。另外，有些表現型的任務是動

態，無法繳交，例如：上臺走秀，教師可以在文獻探討後，把多向度的表現標準一樣發展成評分標準表。

　　教師仍然可以邀請同儕教師或業界教師一起評分，不過要對這些評分者進行訓練，以求評分的一致性。訓練時，通常會取一個作品，先請協同教師以評分標準表進行評分，再相互比對。如果多人之差異很大，或者未能掌握某個細格的意義，研究教師要重新解釋，再進行評分檢視，一直到多人對某個作品有傾向一致的評分為止。

　　評分過後要計算評分者信度，2 人評分則取相關係數，多人評分則計算 Kendall's W 係數。若達顯著水準，表示多人評分具有一致性，評分具有意義，再計算評分分數，以平均分數呈現學生表現結果。

● 教學日誌與學習日誌

　　教學實踐研究的情境本就難以控制，一個學生突然而發的語言與行為，以及教師對某個事件突然的知覺，都可能成為教師省思的資料之重要來源，教師可以設計一本教學日誌，記錄上述的內容，也可以設計學生撰寫的學習日誌，這些都可以成為質性資料之一。

　　教學日誌的格式沒有一致，但撰寫的內容最好與教學目標或研究目的有關。至於「有關」與否，得依賴教師的教學經驗，若無經驗，最好閱讀相關文獻，或者都先記錄下來也無妨。

　　記錄的方向主要包含教師教學時觀察的現象，以及教師自己被刺激思考的想法。例如：學生在上課時突然舉手發問「為什麼要做這些作業」，可能是對學習任務不理解；或者是學生原本是一個多話的人物，但在小組討論時看到某位組員後就突然安靜，

這些都可能涉及學習投入的解釋。之後，教師可能產出一些想法，例如：學生在小組成員互動的衝突，可能引起教師對小組成員安排與調整的想法；或者是教師在講一個笑話時，整班學生竟然都面無表情，事後思考班級上課氣氛需要再進一步探討。

再以學習日誌而言，部分大學教師會要求修課的學生在每次上課後撰寫學習日誌，有些是利用課堂結束前五分鐘，使用手機上傳到平臺；另有些則提供本子，讓學生課後思考與撰寫。這兩種方式各有其目的，前者接近對該次教學的回饋與學習省思，教師再給予學生回饋與對自己教學上的省思；後者則期許學生能檢視自己的不足，在整學期比較後能夠知覺自己的成長。

因此，學習日誌的設計會包含某些特定的向度，這些向度可能來自於教學目標或研究目的，而每次上課或每段時間的內容會更細節一些。在設計上，也可以採用問卷題目、選擇題的方式編擬；而採用開放性問題時，得要能刺激學生思考，通常先讓學生回憶學習的過程，再書寫回饋意見會更好。例如：開放性問題可能是「各位同學，我們今天花了兩節課的時間了解……內容，也進行了……活動，大家想一想，自己有哪些還不熟悉？」或是「在學習活動中，你對於……活動的感受是什麼？」因為這可能涉及學生的心理知覺，甚至負面知覺，若是如此，則會有研究倫理上的要求。

教學日誌與學習日誌不是屬於嚴謹度相當高的研究工具（除非教師發展具有效度的日誌內容，如同訪談資料進行嚴謹地分析），但教師在解釋教學現象時可以具有畫龍點睛的作用，畢竟證據愈多，所提出的觀點與解釋會更可信些。換句話說，教師不要把這兩種工具當作主要的資料蒐集工具，但善用這些工具可以讓自己在教學實踐時關注到細節，也可以在書寫論文時，多一點證據輔助說明研究發現。

第三節　常用的量化研究工具

　　量化研究工具最常見的是問卷和學習成就測驗，另外，教師也可以思考學生的作業在評分後，轉化為數字進一步分析。

● 問卷的設計

　　問卷如同訪談一樣，可以蒐集學生對自己（例如：自我效能、焦慮）、對教學方案（例如：動機、態度、參與度）、對同儕（例如：人際關係、同儕互動），以及對教學情境（例如：教學設備、教學資源）的心理知覺，填答者以勾選項目的方式回應問卷題目所要提問的心理知覺。

　　問卷設計需要經過文獻探討，即使部分教師參考某些學位論文、期刊論文或購買出版社發行的心理測驗或問卷，還是要經過文獻探討確認其對自己研究的適用性。若探討文獻後，即使採用他人發展的工具符合學習效應的內涵，教師要確認教學方案實踐後的效應就是該工具所提的內容（包含檢視每個題目），否則，建議教師調整所參考或採購的問卷工具之題目。

　　在進行文獻探討時，問卷所要測量的學習效應之定義，需要清楚的文獻討論與定義，採用可信來源的書籍、論文或學者的定義相當重要；其次，多數學習效應都有其內涵、面向或種類，教師需要找出多個文獻，除了寫出來外，還要提出採用或歸納整理後的內容，並說明理由；與學習效應相關的前人研究之提取與討論是必要的，建議教師引用這些相關研究時，也要注意論文來源的可靠性，網路上的文章比嚴謹期刊的論文一定比較不可靠。

　　教師也可以從相關研究的文獻探討中發現，前人研究在這個學習效應之問卷工具上編擬的內容，一方面刺激教師思考題目編

擬的方向，另一方面提供教師檢視自己編擬的內容是否考慮到學習效應的全面意義。

　　歸納來說，教師編擬學習效應的問卷時，如同訪談題綱的編擬，有五個步驟可以參考：

1. 先探討文獻，了解該學習效應的定義與所包含的面向內涵，再把各面向的定義寫下來。這些資訊也要簡略地寫在研究方法與設計之該研究工具的區段內。

2. 根據上述各面向的定義，各編擬三至五題，問卷題目句子的部分內容可以重複（可參閱本書附錄論文內的問題題目），關鍵要素不同即可，但每個題目不能重複，教師可以仔細了解學習效應的面向定義和內涵，思考學生可能會有的表現，進行題目編擬。因多數學習效應約有三到六個面向，以每個面向編擬三至五題而言，總數大約在十五題至三十題間。因問卷題目來自文獻探討，若編擬符合真實的定義，此問卷便具有內容效度。

3. 根據文獻編擬題目後，可以找一兩位同學進行問卷題目試閱，再詢問學生對問卷題目的理解是否符合教師原有的想法，必要時修改題目的字句或詞彙。

4. 再邀請同事或校外專家協助幫忙，如同訪談題綱的設計，一些論文審查者會想要知道這些專家為何可以成為研究工具審查的專家，撰寫論文時需要寫出來。研究者需要將文獻提列各面向的定義與所發展的問卷題目，傳給這些專家檢閱，專家給的建議可以提供研究者省思與調整的參考，並非一定要完全遵循。

5. 如果其他班級大學生有著類似教學方案的學習，可以請他們成為問卷預試的對象，因問卷是心理知覺，非學習成

效，因此，只要教師認為那些擬邀請成為預試對象的學生之學習樣態符合研究的班級，就可以試試看。不過，預試對象的人數至少要有問卷面向的題數之五倍，例如：某問卷有三個面向，分別編擬四、五、四題，那問卷預試人數要有二十五人以上（採最多題目的面向之題數進行計算）。

學習成就測驗的設計

學習成就測驗是多數大學教師採用的評量方法，目的除了提供學生對教材內容的理解知覺與程度外，也可以讓教師自己察覺學生在教材內容學習表現情形。學習成就測驗通常會在期中考和期末考時期出現，因此，有些教師就把測驗成為期中、期末考試。

大學教師在學習成就測驗的編擬時，會採用選擇題、問答題、申論題等形式，本書建議教師在教學實踐研究中，以選擇題的形式為主。原因是數字資料容易用來分析學習成效，不過這也可能是一種限制，因此教師可以再採用先前提到的作業表現，一起判斷學生學習成效。若要採用申論題或開放型題目亦可，在分析上可採用內容分析法（請參閱本書第八章第三節）。

除了期中考和期末考可以作為總結性評量的學習成就測驗外，有些教師在基礎知能教學後也會進行，若是如此，測驗的難度就會不同。若是後者，主要目的在於測驗學生是否具備基礎知識以便繼續學習更高層的知識，在其測驗題目的編擬上就不應該像總結性評量那樣的難度。

難度是以學生的認知處理程度判斷，通常根據布魯姆（B. S. Bloom）在 1956 年提出的認知領域與其向度內含的表現層次進

行設定。後來，L. W. Anderson 和 D. R. Krathwohl 在 2001 年修改，修訂之後的認知處理層次分別為：記憶（Remember）、了解（Understand）、應用（Apply）、分析（Analyze）、評鑑（Evaluate）、創造（Create）。這些認知層次不僅可以作為教師設定教學目標的思考引用，也在設計學習成就測驗時，用來確定某些知識內容要編擬成什麼樣認知層次的題目使用。

　　以上述作為編擬學習成就測驗為基礎知能，教師編擬學習成就測驗時可以參考下列五點：

1. 決定哪些教材內容或學習重點要進行測驗，最好每個單元都有相同或接近相同數量的題目。

2. 決定每個重點知識要測驗至什麼樣的認知處理層次，如先前所提的「記憶、了解、應用、分析、評鑑、創造」等。（各認知處理層次的內涵可以參閱我的另一本書，五南圖書出版股份有限公司出版的《素養導向的教學理論與實務：教材分析、教學與評量設計》之第八章）。中度層次的題目可以多一些，簡單與困難的題目可以略少，如此才具有題目的鑑別度，亦即高成就或努力學習的學生可以表現高分，反之，表現低分。

3. 以測驗可以進行的時間，再度檢視總測驗題目數的合宜性。

4. 繪製成雙向細目分析表，再發展成評量目標，如表 7.3 的實例。本書建議教師把實際要測驗的重點知識寫在表 7.3 的左邊欄位，把測驗的認知層次寫在第一列。其次，教師可以在計畫書上嘗試編擬一些題目，提供審查者了解研究者在編輯學習成就測驗上的能力。

5. 編擬題目與設計選項，選項要有誘答力。亦即將學生可能

迷思或有誤解的內容故意編入選項中，如此學生在測驗獲
得分數後，會特別針對答錯的題目主動思考與察覺其迷思
之處，教師也可以藉此省思自己教學講解教材時的疏忽之
處。

表7.3　學習成就測驗雙向細目分析表的實例（數字是指題數）

		記憶	了解	應用	分析	評鑑	創造	題數
單元一	概念	1		2				5
	通則				1		1	
單元二	概念		2	1				5
	通則				1	1		
單元三	概念		1	2				5
	通則				1	1		
單元四	概念	1	1	1			1	5
	通則				1			

　　教師可以在雙向細目分析表下，舉一實例說明。例如：研究
者在第一單元的應用層次上，以修辭學「回文」編擬試題，四個
選項中的句子均有相同的字出現，若學生沒有充分了解，就會選
錯答案。

　　題目：下列哪一個選項是屬於修辭學「回文」的應用？
　　選項：
　　(A) 信言不美，美言不信
　　(B) 歸來見天子，天子坐明堂
　　(C) 遠親不如近鄰，近鄰不如對門
　　(D) 秦時明月漢時關

　　編擬所有題目後，可以邀請其他同事或校外專家學者幫忙檢視，教師需要把重點內容、雙向細目分析表，以及編擬說明交給專家，專家便可以從這三個面向的內容之合宜性提供意見給教師，教師自己再判斷是否修改調整。

　　如果有機會找其他班級試驗考題，那最好不過，可以把每個題目的難度與鑑別度計算出來，但這不容易。若無法如此做，在自己的班級測驗之後，也可以計算難度與鑑別度（請參閱本書第八章第二節），之後，一起和其他資料對教學方案進行解釋。例如：當學生在「分析」以上的題目大部分答錯，那表示學生對於高層次的題目無法精通。

質性轉量化的設計

　　在教學實踐研究中，一個常用的工具是要求學生在某個時間寫出一段話、一篇報告、一篇省思，甚至是考試用的申論題，如果有多次上述的內容，還可以進行比較分析學生的學習表現之改變。若教師能知道分析比較的方法，那麼教師就可以在實踐教學方案時採用該工具進行評分與測驗。

　　會使用這類型的研究工具，即是教師認為某能力無法用學習成就測驗測得，也無法用觀察法去蒐集學生表現資料，例如：批判思考能力，這需要要求學生寫出一段話，教師再採用某個規準，對照內容文字，若達到某個規準，就設定為某個分數。如此，如果學生教學前只有 3 分，教學後則有 5 分，那可以判斷教學方案在某個能力培養上是有效的。不過，教師在採用某個規準時需要先進行文獻探討，確認該規準具有使用的適當性。教師可參考本書附錄第二篇論文〈提升師資生批判思考能力的師培課程設計之研究〉內的實例。

　　本書再提供下列對照表，教師可以參考作為研究資料蒐集的目的與研究工具的採用，如表 7.4。

表7.4　教師可採用的研究工具與其目的之參考摘要表

蒐集資料的目的是為了解	資料形態	可採用工具
學生的心理深度知覺和觀點	質性	訪談題綱
學生某些行為技術或表現	質性到量化	觀察評分表
學生學習知識整合之表現	質性到量化	任務型作業與評分標準表
學生的心理知覺	量化	問卷工具之題目
學生重點知識的學習成效	量化	學習成就測驗之題目
學生某種心理表現能力	質性到量化	回應文字內容為主的題目

●小結

　　本章提及研究方法與研究工具，而其目的是為了了解教學效果與學習效應，亦即透過研究方法與資料蒐集和分析技術後，察覺教學方案的合宜性，以及學生學習成效改變情形。先前所提，教學實踐研究是「研究」「教學」，因此，研究方法的採用要依循原有的教學理念與教學目的，而資料蒐集則是蒐集學生的表現資料，最後以資料分析的結果，除了解釋學生學習表現外，也解釋教學的合宜性。

　　不同的研究方法與研究工具有不同的適用時機，依賴教師可以掌握的教學情境，例如：一個或多個班級、少數學生或多數學生；也依賴教師的理念與要探討的目的，例如：要全面了解還是深度了解、是關於學習成績還是關於心理知覺、是單一技術表現還是複雜任務等。

　　而在研究工具發展上，文獻探討是必要知能，文獻可以提供定義與編擬工具的方向，如果研究工具不準確或有所偏頗，所蒐集的資料就沒有效，亦即缺乏效度。

　　研究方法的採用和研究工具的發展知能，是大學教師要由「一個進行教學的教師」身分轉化為「一個進行研究教學的教師」時略有困難的內容，如果研究設計不準確，不僅對回應教學沒有幫助，也可能提出錯誤的解釋，影響後續的教學以及學生的學習成效。

參 考 文獻

Anderson, W., & Krathwohl, D. R. (Eds.)(2001). *A taxonomy for learning, teaching, and assessing: A revision of Bloom's educational objectives*. NY: Longman.

Bloom, B. S., Engelahar, M. D., Frust, E. J., Hill, W. H., & Krathwohl, D. R. (1956). *Taxonomy of Educational Objective, Handbook 1: Cognitive Domain*. NY: David McKay.

第八章

核心知能四：
研究資料的分析方法

　　資料蒐集後需要分析，分析後需要解釋，教師面對一大堆文字與數字，看起來可能雜亂，若有資料分析的知能，就可以從資料中看見亮點，進而解釋文字與數字的意義。

　　充分的文獻探討是解釋資料分析結果的先備知能，文獻探討讓教師對某些學習效應所涉及的文字與數字有了敏感度，例如：當文獻探討時提及學習參與度是指學生在學習過程的參與及涉入程度，包含認知、行為與情感的投入，當有這樣的思維後，檢視了學生訪談資料提及「我聽不懂教師所說的……，我就有點焦慮，不知道該怎麼辦」，對「有點焦慮」的語句或文字內容相當敏銳，也可能馬上就知覺這是情感參與的面向。在數字上，例如：當文獻探討指出學生合作學習是異質性分組，而異質性分組是各種特質都可以發揮，不是高成就指導低成就的內容後，發現學生對小組分工合作的滿意度低，就可能知道某些成員對小組貢獻不佳，無論是刻意、被排擠或者是互動的問題。因此，教師在分析資料前，可以再重新閱讀文獻，也可以再補充足以解釋分析結果的文獻資料。

第一節　質性資料的分析方法

　　可能有些教師認為，質性資料比較難分析，不像量化資料有個統計分析軟體可以操作。他們經常對質性文字資料分析結果有

著不踏實的感覺，甚至在分析時產出像似飛機要著陸看不到跑道燈那樣抓不到方向的擔憂。以教學實踐研究而言，質性資料分析目的在於解釋學生學習成效，並進而回應教學方案，因此資料分析是以收斂的方向進行，過程中涉及編纂、組織與重組的技術，而主題分析法是教學實踐研究常用的質性資料分析技術。

⬤ 主題分析法

　　主題分析法的目的在於建構文本內的主題，詮釋學生學習經驗的內涵。無論是訪談後將語音轉為文字、田野觀察所寫下的文字，或者只是教師在問卷末段提出的開放性問題上學生所寫的文字，有以下四個步驟可以參考。

1. 即是閱讀全文，並在閱讀時畫出關鍵句段，特別是與研究目的或學習效應相關的句段，這些資料相當重要。而要畫出關鍵字需要上一段所提的文獻探討後對資料分析所產出的敏感知覺，教師若無強烈知覺，建議再回顧文獻，特別在學習效應的定義上，可多自己舉例以解釋定義。

2. 閱讀第二次，此時不一定閱讀完全部，在閱讀中若知覺某些關鍵句段具有某個意識或具有共同性意義，就可以先把這些關鍵句段進行歸類，此步驟稱之為編碼（coding），也是一種開放性編碼的技巧。而對此類所提出的一個概念詞，即是代碼（code）。

3. 持續閱讀，將下一個關鍵句段和已經形成的所有代碼不斷進行比較，若無法歸類為某一代碼，則可新增一代碼，如此，代碼與關鍵句段不斷來回瀏覽，檢驗共同性與差異性，此步驟稱為持續比較（constant-comparative），

也可能形成具有包容性的代碼（形成範疇或大類別）。有些研究在探討文獻後和分析資料前，會暫先設定好一些代碼，這些暫定的代碼可以在資料分析中調整。

4. 當所有具有意義的資料都被編碼後，教師可以嘗試地思考哪些代碼（或大類別的範疇）可能具有關聯，進行資料理論化的過程。理論化即是將多個代碼連結起來檢視是否具有道理，看起來就是一句可以表達關係的句子，這即是主題分析的要領。不過，理論化是否順利，除了資料本身的意涵外，研究者對資料的詮釋和經驗是關鍵因素，文獻探討可以充實研究者對資料分析的知覺。

基本上，主題分析法之流程是：1.閱讀逐字稿與劃記句段、2.形成代碼、3.持續編碼與持續比較（持續形成新的代碼）、4.建立代碼之間的關聯以形成主題，而此流程是不斷循環，而非僅是依序進行。另外，以檢視資料進行編碼的方式，有別於以預先設定代碼對資料進行檢視，後者通常適用於「內容分析法」，請教師參閱本章第三節。

關於主題分析法，本書再舉例說明，如表8.1。不過，一般研究資料分析會比表8.1多且複雜幾倍或幾十倍，教師可以先以某個訪談資料嘗試著分析，產出資料的敏銳度。另外，本書建議，不需要等到所有文字資料全部蒐集完再分析，訪談一位就分析（稱之為暫時性分析），這可以讓教師對訪談資料有知覺，在下一個資料蒐集與分析時就比較容易，也不會感覺到繁雜。一些未設定訪談人數的研究都是以此進行設計，當訪談蒐集來的資料，不斷逐次分析後，已經不再產出新的意義，亦即資料已經飽和，即可以停止訪談。至於資料分析後計算關鍵句段的次數，這是屬於質性轉量化的內容分析方法，本章第三節會說明。

表8.1　以主題分析法進行資料分析的簡要實例

閱讀文字資料	畫出關鍵句段 （事實）	代碼 （概念）	建立主題 （通則）
我很討厭化學……高中化學全部放棄……	高中時全部放棄化學	缺乏先備基礎知識	學習困難的因素與缺乏先備知識有關
問同學都不說……以前也沒學過……	以前沒學過		
沒有完全了解……很想努力……	沒有完全了解	教材學習有困難	
老師講太快……覺得作業好難……	知覺教材好難		

　　在資料分析後的解釋上，運用主題分析法所提列的主題即是一種資料分析的結果，此主題是具有代碼間的關係，是一句可以陳述兩個或以上代碼的關係之句子，也可能會有句段結構的文字形式，可以涉及學生學習經驗的意涵，也可能是教師教學與學生學習之關係，它也是教學實務知識的一種通則。

　　再者，當形成主題或資料分析結果後，再與先前文獻進行對照，亦可能與另一個資料分析結果產生關係，如此便可以形成研究發現，最終建構理論。整體來說，理論建構的過程也可以看成人類知識理論化的建構歷程，亦即是「事實、概念、通則、理論」由下而上的知識發展，發展程序是 1.由一些關鍵句段（事實）編碼形成代碼（概念）；2.代碼間連結成主題（通則）；3.主題再發展成一系列的研究發現（理論）。但需要提及的是，此理論是屬於微理論，僅由某個研究範圍內建構，非指人類文化知識體系的大理論。

　　在教學實踐研究中，此理論化的知識是教師透過研究、資

料蒐集與分析後，自我建構的教學實務知識，而若要確實地建構出合理的主題與知識理論，文獻探討可以提供教師深厚的知識去進行主題與知識理論建構。若以上述表 8.1 而言，亦即表示教師發現學生的學習困難不是因為同儕的排擠，也不是教師的教學設計，而是與缺乏理解新知識的先備知識有關。教師若要藉此省思，就需要從此研究發現開始，最後提及「未來的教學方案設計前，先檢測學生的先備知識，並在教材內容設計中，以學生的先備知識為起點進行設計」的省思內容。

第二節　量化資料的分析方法

　　無論是問卷的數字、以觀察記錄勾選計算的數字、學習成就測驗的分數，或者是任務型作業與評分標準表最後的得分，都屬於量化資料，也需要進行分析。教學實踐研究常用的量化分析有：難度與鑑別度分析、描述統計分析、差異分析（兩組或兩次以上的差異之分析）、無母數統計分析（適合較少人數的分析），上述的公式計算方法可以參閱其他的統計書籍。本書僅對各種量化資料分析技術的採用時機，進行說明。

難度與鑑別度分析

　　計算測驗難度的目的是確認測驗題目對受測學生是否過於簡單、過於困難或難易適中。一份測驗內的題目之難度不同，需要每一題都呈現難度數字。

　　而計算測驗的鑑別度之目的是確認測驗題目得以區別學生能力的高低，具體來說，如果測驗題目能讓努力或能力強的學生獲得高分，不努力或能力低的學生獲得低分，此測驗題目即具有鑑別度。如同難度，一份測驗內的題目之鑑別度不同，也需要每一

題都提列出來。

　　鑑別度和難度的計算，都是在測驗之後。計算時可以參考以下的步驟：

1. 計算每一個人在整份測驗的總分。

2. 將整班學生的測驗總分依高低排序。

3. 將前 27% 的學生設定為高分組，若第 27% 的分數有同分，同分者均列為高分組；反之，將後 27% 的學生設定為低分組，若有同分，同分者均列為低分組。

4. 難度的計算公式是：某一個題目，（高分組答對的比率＋低分組答對的比率）/2＝該題的難度。例如：某第 8 題，高分組有 16 人，有 14 人答對；低分組有 15 人，有 5 人答對，該題的難度是 $(14/16 + 5/15)/2 = 0.60$。如此類推，把每一題的難度分別計算與呈現。難度數字愈大，表示該題目愈簡單，反之，則愈困難。

5. 鑑別度的計算公式是：某一個題目，高分組答對的比率－低分組答對的比率＝該題的鑑別度。例如：某第 8 題，高分組有 16 人，有 14 人答對；低分組有 15 人，有 5 人答對，該題的鑑別度是 $14/16 - 5/15 = 0.54$。如此類推，把每一題的鑑別度分別計算與呈現。鑑別的數字愈大，表示該題目愈具有鑑別度，鑑別度的數字愈大愈好。

6. 如果題目的鑑別度大於 0.4，難度介於 0.3～0.7 之間，就可以說明該題目具有合宜性。

　　一份難度與鑑別度不合宜的測驗，難以解釋學生的學習成效。因此，本書建議教師在編擬試題時，除了確認自己是否曾在上課中教導過題目中的概念外，也儘量依照雙向細目分析表多編

列試題；再尋找另外一個相同授課課程進行施測，在測驗以及分析難度和鑑別度後，刪除不合宜的題目，所剩題目若仍符合雙向細目分析表的要求，即是一份合宜可用的測驗。

然而，多數教師沒有上述提及的另一個班級，因此，用學生在測驗上的表現來解釋學習成效時，若過多題目的難度與鑑別度不合宜，此測驗在解釋學生學習成效上就缺乏效度。

假使測驗整體的難度與鑑別度傾向不合宜，教師還是可以從個別試題去省思教材內容與教學活動。例如：教師發現某個試題鑑別度低，亦即無法區別努力與不努力的學生，甚至不努力的學生比努力的學生成績高，可以進一步思考是題目編擬不佳，還是教學時部分內容沒有說明清楚或讓學生有錯誤的理解。

另外，教師除了可以用具有合宜難度與鑑別度的測驗解釋學習成效外，也可以從這些合宜試題的測驗分數中找出所要進一步訪談的對象。若教師要訪談高、中、低學習成就的學生，便可以從測驗的總分排序中，找出約 25%、50%、75% 前後位階的學生進行訪談，了解不同程度學生對教學方案的知覺。若測驗題目具有合宜性，訪談學生的選擇便具有選擇對象的效度。

描述統計分析

描述統計分析的目的是將多人分數範圍極廣的現象，以集中趨勢的形態呈現，呈現學生表現分數或次數的集中情形；不過，集中趨勢無法顯示團體內的差異，因此，描述統計分析時通常會再檢視數字的離散情形。

最常見的集中趨勢包括眾數、中位數及算數平均數。集中趨勢的數字適合用呈現學生表現的集中情形、眾數即指最多人表現的分數位置、中位數是依大小順序排列後中間那位學生的表現，

百分位數也是如此應用，而算數平均數是指所有人分數的總和除以人數，表示一群人的平均表現位置，但容易受到極端值的影響。因此，數字的離散分數開始起了作用。

教師若要了解學生分數或次數的離散與落差情形，可以分析變異數、標準差等。變異數描述的是分數的離散程度，也就是該數字離其期望值的距離；而標準差反映組內個體間的離散程度。分數分布程度計算後，標準差較大，表示所有分數的離散較大，或指學生分數高低分差距很大；反之，則離散較小。標準差可以用來解釋班上學生的分數落差，比只有算術平均數更能顯示學生的學習表現落差情形。

本書建議教師可以將學生的學習表現分數以上述的分數形態呈現出來，也可以再轉化成統計圖表，進一步解釋學生的學習表現情形。

值得一提的是，在大學課堂的教學中，所有學生不一定達到教師教學前預期的狀態，因此，教師不要以為學生學習成績不好，即是自己教學失敗。教學的影響因素很多，學生的先備知識、個人投入學習的心力、同儕互動關係，以及設備資源都可能是影響學習成效的因素。教師若能從學生的表現分數，以及分數的分布情形進行省思，再和其他資料相互對照比較，對解釋學習效應現象和省思自己的教學方案是有幫助的。

假定常態分配的差異分析

可進行假定常態分配差異分析的資料要來自 30 人以上的人數之測驗資料（通常認為 30 人以上，就可假設達到常態分配的狀態），通常有 1. 單一組前測和後測、2. 兩組的比較（包含前測和後測的比較）、3. 多組的差異比較。下列分別說明，但屬於

統計分析的操作步驟，可教師自行參閱統計相關書籍。

　　單一組前測和後測比較不適用於學習成就測驗的差異分析上，特別是選擇題，如果前測和後測之知識測驗的題目相同，後測就會有記憶效應；如果是屬於問卷，涉及到學生的心理知覺，例如：動機、態度、自我效能等的改變，影響研究結果的記憶效應比較小，就可以採用前後測並且進行差異分析。如果參與的學生超過 30 人，分析方法是採用相依樣本 t 檢定（paired-samples t-test）的分析方法。而當 t 值達顯著水準，亦即 p 值小於 0.5，這表示前後測有差異；若 t 值是負數，即是前測比後測低分，後測分數比較高，表示學生心理效應有正向改變；反之，若 t 值是正數，前測分數比較高，表示學生心理效應有負向改變。因此，當教師要了解一組學生在某個心理知覺上的改變情形，便可採用相依樣本 t 檢定。

　　如果僅是兩組（兩個班級）的一次性分數比較，可以是學習成效測驗或心理知覺測驗，教師可採用獨立樣本 t 檢定（independent sample t-test），兩組之各組最好也要有 30 人以上。而當 t 值達顯著水準，亦即 p 值小於 0.5，這表示兩組的測驗分數有差異；此時判斷 t 值正負數或者是檢視各組平均數高低，即可知道哪一組或哪一班的學習成效比另外一組或一班好，或心理知覺比較正向或負向。因此，教師若要了解兩組學生在學習分數或某個心理知覺上的差異情形，即可採用獨立樣本 t 檢定。

　　如果是兩組（兩個班級）都要進行前測和後測，教師的想法是兩組是否具有相同的條件，並以前測作為判斷相同條件的基礎，檢視後測成績的差異，這可採用「共變數分析」。另外，因為兩組都有前後測，仍不適用於學習成就測驗，但適合心理知覺。「共變數分析」是利用統計技術把可能影響實驗正確性的誤

差因素排除，由於教學研究幾乎無法進行隨機分派，原有兩班學生的智力、學習風格可能不同，進而可能影響兩班分數比較的結果，就需要採用統計控制的方法來排除無關因素之影響，而後續檢視教學方案或活動的效應是否具有顯著性的差異。共變數分析的結果之 F 值若達到顯著水準，即表示排除共變量的解釋量部分之後（亦即排除前測的影響後），兩組平均數（採用調整後平均數）之間仍然存在顯著差異，可進一步檢視各組調整後平均數，若是多組，則再進行事後檢定，看哪一組分數較其他組高。如此結果便可以解釋教學方案或教學活動可以提升學習成效或指出哪一心理知覺有正向的改變。教師若要了解兩組學生在學習分數或某個心理知覺上的差異情形，且要控制某個條件避免影響，即可採用共變數分析。

　　如果是多組一次性分數上的比較，則採用單因子變異數分析（analysis of variance, ANOVA），其檢定多組（三組以上）的平均數是否相等，並非在檢定變異數，而且只檢定一個依變項，通常是分數或心理知覺。若分析結果之 F 值達到顯著水準，即表示三組之間具有差異存在，但仍不知道哪一組比較高，通常採用 Scheffe 法進行事後比較，也可能比較後沒有任一組比另一組分數高。如果教師有三個班級可以進行三種不同的教學方法或教學活動（可能有一種是傳統的教學法），便可以採用這種分析技術。而當有分析結果，便可以解釋哪一種教學方案或教學活動比較可以提升學習成效或指出哪一心理知覺有正向的改變；而若無顯示差異效果，即表示不管哪一種教學方案或教學活動，學生的學習成效或心理知覺上沒有效應。

● 無母數統計分析

　　部分教師的教學實踐研究之選課學生不及 30 人，無法以假設常態分配的原則進行差異分析，或者雖然人數超過 30 人，但主要以類別變項（例如：性別、教學活動參與或不參與、具有和缺少……）進行差異或關聯性分析，便可以採用無母數統計分析技術（無母數之意即表示無法採用像母群體趨近常態分配似的分析技術）。

　　在連續變項的無母數統計之差異分析上，教學實踐研究常用的無母數分析技術包含魏克生符號等級檢定（Wilcoxon sign rank）、曼－惠尼 U 檢定（Mann-Whitney U Test, M-W U Test）、重複量數（repeated measures）和符號檢定（Sign Test）分析技術。

1. 魏克生符號等級檢定

　　適用於一組學生的連續變項之前後測差異，或了解一組學生在某個心理知覺上的改變情形，類似相依樣本 t 檢定，但人數不及 30 人。例如：教師想要了解單一組學生在教學前後的學習動機的差異，或者是了解對某個效應的反應次數的差異，即可以採用此分析技術。

2. 曼－惠尼 U 檢定

　　適用於兩組學生的連續變項之差異，可以了解兩組學生在學習分數或某個心理知覺上的差異情形，類似獨立樣本 t 檢定，但人數不及 30 人。例如：教師想要了解兩組學生接受不同的某個教學活動後學習滿意度上的差異，即可以採用此分析技術。

3. 重複量數分析技術

　　適用於單組的多次比較，可以了解一組學生在某個心理知覺上的多次分數或次數彼此間是否存在差異。例如：教師想要了解同一組學生在接受多個單元的教學活動後，每個單元在某個心理變項上的測量分數彼此間是否存在差異，也就是說期待效果愈來愈好。因屬於多次測驗，不適合學習成就測驗，適合心理知覺的分析。教師需要注意的是，這種分析法不是在比較學生間的不同，而是學生在不同時間點上的自我比較。

4. 符號檢定

　　適用於兩組的數字比較，了解一組學生在兩個變項分數或次數的相關情形。例如：教師想要了解學生在上課討論次數和學生在期末成績的相關情形，但因為樣本數量太少，不適合用有母數檢定中的 Pearson 相關分析，而採用符號檢定分析技術，再從相關係數和其顯著性來判斷正相關還是負相關，便可以發現上課討論次數與期末考成績的關係。

　　在類別變項的無母數統計之差異或關聯分析上，教學實踐研究常用的無母數分析技術稱為卡方檢定（Chi-Square Test）。這種技術再依據測驗的目的，分成以下四種：

1. 適合度檢定（Test of goodness of fit）

　　教師如果想要比較一組學生在某個表現（類別變項）的細項（次數）和期望的細項（次數）是否符合，可能是採用觀察法記錄學生在課堂中各種行為之次數是否和教師原先期待有落差，即可以採用此分析技術。

2. 百分比同質性檢定（Test of homogeneity of proportions）

百分比同質性檢定可以用來了解兩組（以上）學生在某個表現（類別變項）的細項（次數）是否相同。例如：教師如果想要確認兩個組別的學生在完成學習階段一的人數（次數）和完成學習階段二的人數（次數）是否相同，便可以採用百分比同質性檢定，這會顯示多個群體（不同的教學法之兩個班級），而每個群體均有相同的多個類別（學習階段一、學習階段二），檢視百分比例是否相同。如此進行，便可能解釋教師採用的教學方案或教學活動，可以促進哪一組別達到學習階段二的程度。

3. 獨立性檢定（Test of independence）

獨立性檢定可以用來了解一組學生的兩種獨立表現（類別變項）的細項（次數）是否互為獨立。如果教師要檢定的是兩個獨立事件（例如：性別和學習成效，理論上，不會因為性別而有不同學習成效），而不是相關（例如：不同教學法可能會促進學生達到學習階段二，如此則採用百分比同質性檢定），通常這在教學實踐研究中，只是會用來說明兩組學生的基礎條件相同，教學實踐研究主要探討教學方案在學習效應上的效果，教學方案和學習效應是有關聯的，非獨立的，因此，幾乎難以用獨立性檢定確認教學方案的成效。

4. 改變顯著性檢定（Test of significance of change）

主要是用來檢定一群受試者對事件前後反應的差異情形。教師可以用來了解學生在教學活動前和後對某個心理知覺（類別變項，非次序變項）是否改變，例如：教師想要探討某組學生在教學方案或某個教學活動前後，在某個心理知覺上是由「喜歡」轉變為「不喜歡」，或者是「不喜歡」轉變為「喜歡」，則採用

McNemar 配對樣本檢定法。舉例來說，先對一群師資生測驗他們的「想要、不想要」（類別變項）當國中老師，之後讓他們觀察國中生打架鬧事之原因是來自於家庭教育功能不健全的多個影片，之後，再對他們測驗「想要、不想要」當國中老師，分析他們的教育意向是否改變。

上述提及的量化分析技術不一定哪一種比較好，得要依循教師的研究目的，以及資料的形態。在教學實踐研究上，有些教師的課程選課學生人數不多，仍可以進行量化的統計分析，教師也可以參考上述的分析方法，刺激自己思考自己的教學實踐研究想要探究學生哪些學習效應的改變。

第三節　質性轉量化的分析方法

一些大學教師告訴我「他統計不行」，只能採質性研究與蒐集質性資料；另一些教師也告訴我，量化統計才是真正的研究分析技術，質性資料分析好像怎麼分析都可以，沒有一個準則，其實這些都是教師們的誤解。

首先質性與量化方法或資料分析技術難以決定孰好、孰不好，先前提及要考慮研究目的與學習效應測量的目的。其次，不管質性或量化，都是在找資料間的關聯或差異，只是質性研究是以文字句段與產生的概念（代碼）進行，而量化研究是以數字、平均數或類別內的次數進行。兩者都需要嚴謹的文獻探討，文獻探討不僅提供教學方案和學習效應的合理基礎，也是讓教師在資料蒐集與分析上產生敏感度。

然而，有些研究可以針對訪談學生轉化為文字的紀錄、觀察學生的文字紀錄，以及學生作業的文字內容進行分析，並計算關

鍵句段的次數，進行歸類與比較，除了精簡地呈現學生的表現情形外，也進一步呈現學生學習效應改變的情形。

　　需要說明的是，教師將文字內容轉化為數字資料後，其所採用的量化統計技術就如同本章第二節的內容說明，本節不再重複敘述，但提醒教師採用無母數統計技術分析時，仍需要注意各種分析技術的適用性，特別是類別變項式設計。

●內容分析法

　　內容分析法源自於對歷史資料、教科書、新聞、電視節目、廣播節目等資料的文字或口語內容做客觀的（建立在文獻探討的基礎）和系統性地分析（分類、形成大類別），可用來發現資料內的類型與其相關事實。後來電腦統計軟體技術發展成熟，便以量化方式進行關聯和差異的類別分析，並根據這些類別和其數字作不同類別的相關或差異性之解釋。不過，提醒教師，教學實踐研究採用內容分析法不在於數字統計上的應用，而是內容分析所呈現資料內涵的意義，也就是說經由內容分析把質性資料轉為量化資料，並分析其相關或差異，進一步解釋教學方案的價值，最終呈現學生表現資料的概念與類別中的比例和意義。

　　內容分析包含概念化的分析（conceptual analysis）與相關性的分析（relational analysis），概念化的分析是將質性資料轉為量化資料，相關性的分析則再以統計分析技術分析概念間的關係。

　　概念化的分析是針對質性資料進行分析，教師可以先藉由文獻探討，預設內容分析的概念（如同代碼），此概念可以再補充或調整，再對照既有的文字資料，分別在每個概念上計算次數或分數。在進行嚴謹的分類上，教師以文獻探討而獲取一些可以用

來檢視質性資料的概念後，教師要特別注意概念與概念之間不能有部分重疊意思。而在論文書寫時，為了節省篇幅，可以取一實例說明，其餘採用概念或類別的方式說明即可。

　　除此之外，也可以呈現百分比例，讓讀者察覺各概念或類別次數的多寡。表 8.2 來自我的研究資料（Liu, 2021），本書在第四章提及我發表在 *Innovations in Education and Teaching International* 期刊上的一篇論文之內容分析的寫作技巧，但論文發表時占據太大篇幅，主編要求縮減，因此，我沒有在論文上呈現表格，僅以文字說明。未縮減前實際資料分析的表格如表 8.2，表格內提及內容分析後的百分比數字。

表8.2　內容分析時的概念歸類與百分比數字之舉例

categories	codes	%	Sampled questions and similar focuses
Students with problematic behaviors	Students with problematic moral behaviors	38% (84/221)	How do you deal with the **problem regarding student behaviors**, such as bullying? (other questions include: swearing, talking sexual language, teasing)
	Students with problematic learning behaviors	33% (73/221)	Is it necessary to facilitate **students' motivations on learning**? I saw that many teachers paid no attention to it. (other questions include: sleeping, resisting grouping, chatting, excessive silence, no confidence)

表8.2 內容分析時的概念歸類與百分比數字之舉例（續）

categories	codes	%	Sampled questions and similar focuses
Teachers behaviors	Instructional design	13% (29/221)	How to *design* learning activities for different-achieving students? (other questions include: assessment, flipped instruction, portfolios)
	Interpersonal relationships	9% (20/221)	How to make a good *interpersonal relationship* with the school faculty? (other questions include: dialogue with faculty, teacher-parents relationships)
Personal works	Individual preparation	7% (15/221)	ability to deal with administrative affairs, preparing for teacher recruitment examination, self-regulation learning in teacher education courses and field-based experiences.

　　在相關性的分析上，教師可以將兩組概念或類別的數字，思考研究目的與資料蒐集的目的進行統計分析。舉例來說，我的另一個研究是想要探討學生在每一個單元學習後的簡單回饋資料中，提到多少次教材內容的理解，每位學生十次上課就會寫十次回饋資料，1.如果想要了解每個學生回饋資料中提到教材內容的次數改變情形，就以重複量數進行分析；2.如果想要了解不同

組別和在教材內容中多個項目提到次數上的差異（因是在某個項目，因此為類別變項，非依序或連續變項），就採用百分比同質性檢定；3. 如果教師想要了解，學生的回饋中提到教材內容次數和其小考成績的關係，則採用符號檢定分析技術。教師可以參考本章第二節提及的無母數統計分析。

研究目的與可採用的分析方法對照

以下再把各種研究目的與其可採用的分析方法對照列於表8.3。教師要分析研究資料時，要從其研究目的思考分析方法，研究資料分析的結果才能回應到研究目的。

表8.3　研究目的與其可採用的分析方法對照表

資料蒐集方法	人數	資料類型	研究目的	分析技術
訪談	不限	質性	建構文本內的主題，詮釋學生學習經驗的內涵	主題分析
訪談、文件	不限	質性	呈現學生表現資料的概念與類別中的比例和意義	內容分析
一次測驗	不限	量化	呈現學生表現分數或次數的集中情形	描述統計：眾數、中位數及算數平均數
一次測驗	不限	量化	了解學生分數或次數的離散與落差情形	描述統計：變異數、標準差

表8.3　研究目的與其可採用的分析方法對照表（續）

資料蒐集方法	人數	資料類型	研究目的	分析技術
單一組前後測驗	30人以上	量化	了解一組學生在某個心理知覺上的改變情形	相依樣本 t 檢定
兩組單一次測驗	最好各30人以上	量化	了解兩組學生在學習分數或某個心理知覺上的差異情形	獨立樣本 t 檢定
兩組均前後測驗	30人以上	量化	了解兩組學生在學習分數或某個心理知覺上的差異情形	共變數分析
三組以上一次測驗	30人以上	量化	了解多組學生在學習分數或某個心理知覺上的差異情形	單因子變異數分析
單一組學生前後測驗	不及30人	量化	了解一組學生在某個心理知覺上的改變情形	魏克生符號等級檢定
兩組一次測驗	不及30人	量化	了解兩組學生在學習分數或某個心理知覺上的差異情形	曼－惠尼 U 檢定
單一組學生測驗	不及30人	量化	了解一組學生在某個心理知覺上的多次分數或次數彼此間是否存在差異	重複量數分析技術
單一組學生測驗	不及30人	量化	了解一組學生在兩個變項分數或次數的相關情形	符號檢定

表8.3 研究目的與其可採用的分析方法對照表（續）

資料蒐集方法	人數	資料類型	研究目的	分析技術
單一組學生次數	不限	量化（類別變項）	了解一組學生在某個表現的細項（次數）和期望的次數是否符合	適合度檢定
單一組學生程度	不限	量化（類別變項）	了解兩組（以上）學生在某個表現的細項（次數）是否相同	百分比同質性檢定
單一組學生表現	不限	量化（類別變項）	了解一組學生的兩種獨立表現的細項（次數）是否互為獨立	獨立性檢定
單一組學生	不限	量化（類別變項）	了解學生在教學活動前和後，對某個心理知覺的細項在某個項目（仍是類別變項）是否改變	改變顯著性檢定

●小結

　　本章於開頭時提及要對研究資料有敏感度，得要充分的文獻探討，對所要探討的研究變項或焦點要有充分的了解，包含其定義、內涵，以及相關研究的研究發現。研究工具需要效度，研究資料的分析也需要效度。

　　其次，研究資料的分析方法會因為研究目的，以及因應研究目的而蒐集的資料形態有所不同，沒有一個方法是最好的，能

回應研究目的即可。不過，研究資料分析方法是可以促進教師以倒序思維檢視研究設計疏漏處，亦即暫定資料分析方法後，思考資料蒐集的完整性、再往前思考研究工具的周延性、再思考是否有嚴謹且充分的文獻基礎，甚至原有的教學理念與學習效應的關係。本書的理念便是提醒教師一個研究或一篇論文的每個結構要素都是相互關聯且呼應的，需要前後不斷來回對照與檢視。

　　研究到中後段，教師要有責任地提出研究發現，而研究資料分析的結果即可以形成研究發現並進一步解釋，研究發現與解釋是對學術貢獻或對教學實務產生價值之處，然而，要提出貼切的解釋得還是要有文獻基礎和合宜的資料分析。

　　本章可以對照第四章閱讀，多數期刊審查者審查論文時，研究發現以及在討論後所產出的研究結論，幾乎是被接受與拒絕的最大原因，多數會檢視論文是否引發出新意義，此意義不會來自於蒐集的原始資料或數字，而是來自研究者如何萃取資料與建構資料間的關係，進而提出解釋，如此，研究資料的分析技術就顯得重要許多。

參考文獻

Liu, S.-H. (2021). Online mentoring of teacher education students by experienced recent graduates by using synchronous videoconferencing. *Innovations in Education and Teaching International.* DOI: 10.1080/14703297.2021.2003220

外加
校稿前須知

第 9 章　寫一篇可被接受的教研論文

第九章

寫一篇可被接受的教研論文

　　論文寫作對大學教師而言是一種「習慣」，常寫的人就可以隨時敲起鍵盤，不常寫的，望螢幕興嘆。當開始動手敲擊鍵盤，轉瞬之間，鍵盤聲雖然不曾歇止，但後來發現，倒退鍵竟然按了最多次。根據我的經驗，要寫一篇好的論文，就是要知道某些知能後持續地書寫與調整；而要能寫一篇可被接受的教學實踐研究論文，不僅要常寫，還得要不斷思考「證據、論述」之間的關係。證據來自於現象、文獻、專家和蒐集來的資料，而論述即是從上述的證據中推論與建構自己的觀點。

　　有了「證據、論述」為基礎，教師還需要在全文中布局，讓審查者與讀者在閱讀時，可以一段一段地看待每個焦點，並評估其合理性，又可啟動下一段的思維或回顧先前一段的記憶。

　　本章先說明教研論文的結構要素，提醒教師在每一個論文結構內要提及的要素；其次，根據我投稿與審查的經驗，提出多個審查重點，關注這些重點，不一定會被接受，但沒關注這些，就會被拒絕；最後，本書提及研究倫理與學術倫理的價值，提醒大學教師五個不要犯的錯誤。

　　本書已經在第一章到第四章舉例說明論文的寫作技巧，本章雖然會提及先前的概念，但強調的是「論文可被接受」的內容，因此，提醒教師在論文提交之前可以自我檢視。

第一節　教研論文的結構要素與審查重點

　　一篇教研論文的結構不一，大學教師在撰寫時得要看計畫補助單位的要求，以及期刊稿約中提到的格式，但若要寫成論文投稿，多數論文結構大略包含緒論、文獻探討、研究方法與設計、研究結果與討論、研究發現與結論。

緒論

　　緒論是論文的第一章，通常包含研究背景與研究動機，最後導引出研究目的。緒論是讓讀者是否願意繼續閱讀下去的重要章節，換句話說，如何引起讀者的興趣即是寫作的方向。

　　緒論有四個必須要呈現的要素：1. 現象問題或需求；2. 當前觀點與相關研究對該問題或需求的觀點；3. 藉由問題需求和相關研究之間的缺口，提及自己的教學研究之理念；4. 以文獻、學理或推理，說明此理念何以有探究的意義，藉此提出研究目的。

　　現象問題或需求來自於教師對教學實務情境的深度觀察，有時候看到的問題不是真正的問題，教師可以找幾位大學生聊聊並試探，也可以諮詢其他有經驗的教師；另外，學生需求也可能來自片面的想法，不一定某位學生講的需求是真正的需求，例如：學生可能認為教師就是要回答學生的問題，不應該讓學生去花時間思考太多，殊不知教師的理念可能在培養學生批判思考的能力。因此，找對一個涉及真正學習問題與需求是好的研究起點。

　　其次，「當前觀點」是涉及多數人如何看待某些特定問題或需求，教師要能提出歸納性的觀點，甚至對立的看法，如此便可吸引讀者閱讀。別忽略相關研究，在此階段，引用一兩篇來自嚴謹期刊的論文文獻或至少是理論原則，除了提供觀點的證據外，

對研究問題的產出是有幫助的。

若能從問題需求與相關研究的對照中發現，相關研究產出的觀點或學理原則還未能充分解決問題或滿足需求，這樣更有價值。雖然，有些時候得倚賴研究者的實務經驗和涉略知識多寡，教師若經常反思，再透過文獻閱讀，也可以發現研究的缺口，進而提及自己的教學理念。

特別是教學實踐研究，涉及到教學方案與學習效應，教師得要說明上述缺口所產出的教學理念需要什麼樣的教學方案與探討什麼樣的學習效應，如果能以些許文獻「推理」該教學方案可以產出該學習效應，則以教學實踐研究去「探討」就更具有意義性。

● 文獻探討

教學實踐研究涉及教學方案與學習效應，因此，文獻探討應該至少要有三節：教學方案的文獻探討、學習效應的文獻探討，以及教學方案與學習效應之間的關係。

1. 教學方案的文獻探討

教學方案包含課程內容、教學方法，以及評量設計，教師可以三者都提，最少要提及所要進行的教學方案之重點。課程內容要提及重要的概念、通則、能力或素養，也要提及學生學習這些內容的意義；教學方法需要指出學習原理基礎，以及促進學生學習的關鍵重點；評量設計要寫到評量方法的核心理念，以及可回應教學的意義。不管課程、教學或評量，需要引用文獻證實上述這些內容的價值。上述內容屬於教學方案之文獻探討章節中，第一區塊的內容。

　　教學方案的文獻探討之第二區塊應該要提及課程、教學或評量的細節。以課程內容而言，教材內容的組織安排與融合，且要具有合理的論述；以教學方法而言，教學流程與需要關注的焦點是重要的內容，以學生的認知思考進而促進學習成效是好的探討方向；評量設計中的關鍵要素和其引導學生思考的歷程是關注的焦點，再指出評量的流程與步驟，以及對應的教學目標和研究目的。此區塊需要引用大量文獻，不過是因為教學方案，因此文獻可能來自於書籍中的學理基礎，前人相關研究亦可參考。

　　第三區塊就需要提及前人的研究了。相關研究已經發現了課程內容有效或有問題之處、教學方法之哪一個要素需要被強調或調整、評量設計還需要什麼要素加入……。最後提出自己的教學方案之雛形，如此便可以在研究方法與設計中轉化為具體的教學目標、教學流程與評量，也可以讓一學期的教學大綱有了嚴謹的文獻探討之基礎。

2. 學習效應的文獻探討

　　學習效應的文獻探討類似教學方案的文獻探討，第一區塊提及定義，第二區塊書寫面向與細節內容，第三區塊仍然需要評論前人的研究發現，說明什麼方式對什麼有效，以論述自己的理念是可以進行的，這些相關研究也可以用來對照自己研究發現之相同與相異處。

　　特別是第二區塊的內容，那是發展研究工具最重要的參考來源。例如：文獻探討後，確認學習參與度涉及認知參與、行為參與和情感參與，以及它們的定義，因此，學習參與度問卷就以這些面向和定義進行編擬。

3. 教學方案與學習效應的關聯

　　教學方案與學習效應的關聯是大學教師撰寫教學實踐研究論文最經常忽略的內容。一些經常出現的質疑與審查意見是：翻轉教學就能引起學生學習動機？說故事可以讓學生投入學習？給情境任務就可以形塑學生素養？雖然有些看起來合理，但如果沒有仔細去探討教學方案的什麼要素具有促進什麼樣學習效應的作用，即使有了研究資料，也不知道要怎麼解釋研究發現。

　　舉例來說，當發現學生上課總是不夠積極投入，參與度不高，教師探討文獻後提出具有情境影片的某種特定教學法，希望能促進學生的學習參與。文獻探討中提及情境影片的故事描述著與大學生類似的生活，具有經驗遷移的作用，大學生會將自己設定於故事中的主角，去思考和去感受，進而小組討論後續的觀點；而學習參與就涉及認知參與、行為參與和情感參與，思考與感受即是認知與情感參與，討論也是一種行為參與。因此，可以推論地說，情境影片的某種特定教學法，理論上是可以促進學生的學習參與。

　　上述僅一個面向的實例，教師可以藉由文獻探討去理解教學方案的核心要素，以及學習效應的各面向定義，試著從中建構出關係。反過來說，如果建構不出關係，可能就需要調整教學方案或改變學習效應。

　　另外，在緒論時提到缺口，在文獻中也呼應，他人的研究已經解決了什麼教學問題，還有哪些需要釐清？盡量地找出與寫出。

研究方法與設計

　　本書已經在第三章提及教學實踐研究計畫中的教學目標、教

學方案等的格式，此區塊特別說明論文寫作時需要寫出的重點。

　　「為何要採用某個研究方法」，這是兩句話即可以說明清楚，但需要有研究目的與資料蒐集的連結。研究方法的採用是為了達到研究目的，而不同研究方法有其研究資料蒐集的方式，因此，研究方法之起頭即需表達研究方法採用的理由。

　　教學方案的內容與其流程和細節是教學實踐研究的「輸入」，研究對象是「接受體」，而學習效應是「輸出」的結果，因此，研究方法與設計就得需要寫出完整的研究歷程。若有充分的文獻探討，書寫此部分內容時可以些許摘要先前文獻的觀點，讓教學方案與學習效應有文獻基礎，但關鍵在於各部分細節如何呈現，時間流程為何，是否具有邏輯系統及其合理性，以要點、表格、圖示，外加說明，可以幫助審查者理解研究歷程。

　　研究對象的特質描述是教學實踐研究論文中相當重要內容，不僅是人數與性別，其對於教學方案是否具備先備知識，或可能潛藏影響學習效果的因素（例如：外語能力、數位設備），都需要提及。若認定有影響，還需要提及如何檢測、如何避免或者是以什麼內容補足。另外，近年來，研究倫理逐漸受到重視，以幾句話說明參與者同意書的徵求過程，免掉審查者多寫一點意見。

　　研究工具是本章的重點，工具無效和缺乏信度，所產出的結果也是無用的。此部分需要針對每個研究工具進行說明（參閱本書第三章和第七章）。需要強調的是研究工具的發展歷程，大學教師如果想要快速，而直接採用他人的某個論文中的工具，審查者會仔細檢查其適用性。如果採用他人的工具所包含的面向內容，卻沒有在論文中進行文獻探討，此論文就幾乎被審查者拒絕了。因此，本書建議，研究工具和文獻探討需要有緊密的連結，那像是一件事寫在兩個地方，在文獻探討中論述研究工具發展的

基礎，而研究方法區塊中寫工具的實際內容與其應用方式。評量工具也是要如此說明與鋪陳。

資料分析的目的、方法、細節和流程需要簡短地說明，最好提及資料分析後判斷的準則或要素，審查者不會看到統計軟體分析時出現的所有數字，研究教師有責任說明關鍵數字的意義，以及解釋的流程。如果有文獻支持所使用的資料分析方法與步驟，更好。

研究結果與討論

部分論文會將資料分析結果寫在研究方法與設計中，也有部分論文會將資料分析結果寫在第四章，以整篇論文的邏輯系統而言，都是合理的，但研究結果與討論之重點在於提出研究結果而形成研究發現後的討論。部分教師對於研究討論該寫些什麼內容遇到困境，教師先要抓取一個核心：解決研究缺口的意識。

第一區塊先說明研究結果，進而形成研究發現，這大約一段或兩段文字內容而已，此區塊不需要引用文獻。

第二區塊就要開始說明先前在緒論和文獻探討中提及的缺口或未處理的內容，之後寫到自己的研究發現，再說明自己的發現已經具有什麼內容可以解決這個缺口與遭遇的問題。

不過，在寫自己的研究發現時，並非把研究分析結果當作發現，最好提供多個證據相互檢證，再寫出研究發現，這也是資料分析結果與研究發現略有不同之處。

第三區塊開始解釋研究結果，以及為何這個研究發現可以處理先前未處理的問題，引用文獻支持自己產出的觀點相當重要。教師不能只有寫出自己的研究結果與他人類似，要能提出研究何以有一致性發現的原因；若能提出自己研究結果與他人相異之

處，解釋理由是必須的，但卻有更高的價值，因為此研究發現別人沒有注意之處，或者提供更深入的理解。

　　教學實踐研究包含教學方案與學習效應，在研究結果與討論中，教學方案和學習效應不應該分開書寫，而是根據研究發現，提出兩到三點關於教學方案產生學習效應的主題建構或關聯分析後的通則當作標題，內文再根據上述兩到三點通則進行論述。

　　最後，再回應到原有的教學理念，以及先前提到的學習問題或需求，不斷在文獻、研究發現和形成的觀點中進行對話與討論此研究對當前教學實務上的應用與價值。

研究結論與建議

　　是研究討論還是研究結論比較具有價值？這沒有定論，部分國際論文把研究結論和研究結果相提並論，把重點置於研究發現的討論；而國內教育領域的論文較少有這樣的作法。

　　但一定要有的是，研究結論對應著研究目的或研究問題寫，因為研究目的或問題通常不會提到研究分析技術，因此，研究結論不應該有資料分析的數字，例如：t 值或 p 值。

　　其次，研究目的是整個研究理念探究的概要，而研究問題是呈現比較具體的教學方案、學習效應，或兩者之間關係，因此，如果有兩個研究問題，研究結論可以寫成三大段落句子，亦即第一個研究問題的回應、第二個研究問題的回應，之後，統合研究討論，以大時空或大思維的向度，回應研究目的。

　　先前提及資料分析結果不等同於研究發現，而研究發現也不等同於研究結論，多數初任教師或研究生會犯如此錯誤。資料分析結果是採用資料分析技術的結果，研究發現則需要從多個資料分析結果中去相互檢證或至少是從文獻去解釋研究結果，而研究

結論是提出具有創見的觀點，是經過研究討論後，可能經過文獻對照、實務問題，以及論述原因後，提出比先前文獻或教學實務更有價值的觀點。

寫個自我省思是教學實踐研究論文的結論中之關鍵內容。教學實踐研究之其中一個目的，是教師可以考慮教學方案的替代性和可能性，以提升教學品質和學習成效。大學教師要對自己的教學保持著開放的態度，以研究發現和研究結論，對照自己教學生涯中的課程內容、教學活動、評量設計、學生學習，甚至自己的教學知識與信念等，重新建構，這也就是先前所提，教學實踐研究不強調學術貢獻（雖然也可以），而是自我建構與產出教學實務知識，為自己的專業發展提供具有證據的知識訊息。

第二節 投稿論文前一定要知道的事

多數教師努力將蒐集與分析的結果書寫出來，看起來洋洋灑灑，且頗具知識性，然而，一篇論文之所以被期刊接受，除了研究理念與研究過程具有學術嚴謹度外，有些疑慮，會讓審查者勾選可接受，卻被期刊主編或編輯委員會拒絕。再者，投稿被退稿是經常的事，不過，有些學術上錯誤的事情，不僅不能明知故犯，也要謹慎地察覺每一個細節，避免自己的學術聲望受損。

研究的效度與信度

審查者或期刊主編看待論文的角度可能不同於研究者，除了本章第一節提及的論文寫作要素與重點外，整體研究的效度與信度是常被關注的焦點。教學實踐研究雖然與其他教育科學研究探討的情境可能不同，但既是研究，大學教師也是知識產出的人，所實踐的研究與撰寫的論文仍需要具有研究效度與信度。

　　在效度上，此部分提的不是研究工具的效度（那請參閱本書第七章），而是研究設計與其產出的知識需要有準確性，也由於準確，因此可以複製。要追求準確，在研究設計時除了研究介入的要素外，不可以為求效果，加入其他的要素或盡可能避免其他因素干擾，例如：在以某個教學方案探討學習動機時，教師提供獎品或獎金，研究結果就不準確。

　　研究效度這包含兩個層面，第一是內部效度，是指研究發現與結論確實描述的研究資料，包含研究對象的選取、工具的使用、資料的分析與研究發現的檢證結果等，簡單來說，內部效度是探討確實的問題、蒐集到確實的資料、提出確實的研究發現、做出確實的解釋；第二是研究結果可以應用於其他類似的教學情境。要做到如此，教師撰寫論文時就需要把研究情境的細節要素充分說明清楚，例如：研究對象、時間、方式、次數、情境與其他和研究情境有關的內容。

　　在信度上，強調多來源的一致性和穩定性之觀點，也有多方、多人、多次、多種……傾向一致的意涵，一般來說，「多」的意思，有「三以上」之意。

　　在內部信度上，除了教學經驗與省思外，教師需要有充分的文獻探討充實自己的教學情境知識，如此，在學生學習效應的知覺和學生的知覺感受才會有高度一致性，避免誤解學生的想法或感受；在外部信度上，指的是若把教學方案應用在類似或相同的教學情境中，可以預期會有相似的研究結果，因此，如果研究對象的選取與教學方案的設計兼顧在某個學科領域之各種情境的均衡性，就可以提高外部信度。

五個不要犯的錯誤

　　大學教師努力在學術工作上精進與成長，除了學生直接對教師教學的感受外，另一個可以彰顯教師專業的內容即是申請研究計畫案與發表論文。特別是在發表論文上，或許教師有升等的壓力、投稿被退稿的挫折，以及對論文投審稿有錯誤的認知，偶而會有錯誤的學術行為。有些行為影響自己的聲譽、有些行為可能讓自己在未來失去某些權利，更有時候會讓自己負起更大的法律責任。本書提醒大學教師對下列的問題進行了解：

1. 一稿多投

　　一般而言，期刊論文審稿到接受以及刊登，最少半年，通常一年，也經常聽聞兩年左右，少數教師可能因升等時限壓力，會將一篇論文投到兩個期刊上，自認為一個期刊審查未通過，還有另一期刊尚有機會，殊不知可能某個期刊論文的審查者是另一個期刊的主編，可能同時接到兩篇文稿，原因是國內某些領域的專家學者大都是進行特定領域研究的人。強烈建議教師不要這樣做，這不僅讓自己的學術聲望受損，未來申請計畫案或參與學術團體都相當不利。

　　另有些教師是以改寫的方式，再一稿多投，一稿多投也包含數據的重複使用，教師要知道擔任審稿者與期刊主編的經驗一定很豐富，改寫仍可以被認出。因此，要一稿多投，倒不如多做幾個研究與多寫幾篇文章，教學工作天天有，以教學為主的研究資料隨時可得，而且只要寫上手，產出是可以加快的。

2. 掠奪性期刊

　　與上述的理由類似，教師急著想要出版自己的論文，審稿時

間過長，也太嚴格，在他人的慫恿下，尋找掠奪性期刊投稿。雖然有些期刊因為其經營因素不被列入掠奪性期刊的名單，而是以「疑似掠奪性期刊」被定義，仍相同被看待成掠奪性期刊。這些期刊以商業經營為目的，廣納各領域的論文，且在一個月內可以出版數百篇論文，收取高額的出版費，一年可能就會有超過一萬篇的論文出版。這些期刊通常審查不周延，若進行比對，可容易發現抄襲過高的現象。

　　教師得要知覺，花錢事小，若是教師發表的刊物與論文掛在網站上，同儕教師一看即知掠奪性期刊的論文，就知道這教師可能學術道德不佳。

3. 論文造假

　　明明沒有蒐集那些資料，謊稱自己獲得，或者也謊稱自己的身分；也明明統計數字不顯著，更改數字使其符合原有的期待；另有些時候是教師沒有察覺，可能助理蒐集資料時貪圖方便，卻讓教師蒙受論文造假的冤屈。

　　若是前者，實屬教師的故意行為，不應該如此；若是後者，建議教師要有檢核機制，若是錄音檔，需要文字檢核，若是問卷資料，需要設下多題問卷檢核機制，如此也避免問卷填答者故意亂填的行為。

　　要獲得高等學術成就並不容易，但若成為高成就的學者，卻因早期一篇論文的造假而失去了光彩，實不值得。教師需要提醒自己，學術一生是無法分隔的。

4. 學術抄襲

　　現在有許多論文比對系統，學術抄襲的情形就會少一些。我曾擔任一些期刊的編輯者，論文比對是多數期刊審稿前會去執行

的事，部分期刊會因為來稿論文學術抄襲比例過高而直接退稿，不予審查。根據我的觀察，故意整篇抄襲的教師不多，但經常將他人論文上的一大段話寫到自己的論文上，當這樣的比例很多，就變成學術抄襲的文章。

　　本書建議教師，在撰寫論文而需要引用他人的文字段落時，除了需要引註說明外，得重新改寫，用自己的語句結構書寫。當我在審稿時，知覺某篇論文的語句結構不一致，甚至有多種結構語法（因為來自多篇論文的引用），就直覺可能有抄襲的嫌疑。當花了許多心力，卻得到如此結果，不如改寫你引用的句段吧！

5. 研究倫理

　　涉及到研究對象的福祉，至少不要讓研究對象產生不必要的身心痛苦與傷害，基於保護被研究者的權益，研究者需要在獲得研究對象的同意，以及取得研究對象知情同意之前（有些研究可於研究後才獲得參與者同意，那需要經過嚴謹的研究倫理審查），明確地且充分地告知研究的歷程與研究對象應有的權利和義務，也包含可能有的負擔與報酬；其次，研究對象的隱私與保護之重要性遠高於資料可否蒐集，舉凡個人之人、事、物的隱私都在保護範圍內。

　　多數大學教師對研究倫理相關事項的要求並不陌生，但在教學實踐研究上，除了上述的事項跟學生說明外，教師常在教學和研究的研究倫理議題上有些迷惑。本書建議，教學有一定的範疇，基於這些範疇內進行研究，以基於保護學生的心態和取得其參與同意為原則，進行教學研究；若學生不同意參與研究，在課程仍需要進行之下，該學生的表現資料則不蒐集。

● 小結

　　當論文被接受的訊息出現在電子郵件的收信匣上，是多數大學教師在其學術生活中相當期待且快樂的事，然而，任何成功都是以努力為基礎，若知道論文撰寫的知識與技巧，更可以讓期待的事成真。

　　一篇教研論文有四或五個結構要素，每個結構要素均有其焦點，各要素之間也有緊密關聯與對應，本書建議教師撰寫論文時先呈現架構、再補充細節內容，之後要投稿前，再自己吹毛求疵地找自己麻煩，自己嚴格地審查自己的論文，找出可以再精緻化之處，修改後再行投稿。

　　學術生涯很辛苦，也會很孤獨，那種感覺宛如「夜深人靜，仰望浩瀚星空」，寂寞且對遙遠的未來充滿了不確定性。大多數的大學教師都如此走過這條路，要成功，除了投入，就要知道方法。本書提供一些寫作上的參考，也從我的經驗中提供一些教師可能可以學習的知能，期待每一位大學教師都在這條學術生涯路中，走出自己的專業方向，也建立令人可敬的學術專業地位。

附錄
作者發表的教學實踐研究論文

一、以同步視訊融入專題導向學習探討師資生跨
　　領域教學方案的實作能力之研究（該研究計
　　畫獲得教育部教學實踐研究計畫 109 年度績
　　優計畫）
二、提升師資生批判思考能力的師培課程設計之
　　研究

以同步視訊融入專題導向學習探討師資生跨領域教學方案的實作能力之研究

摘　要

　　由於時空或疫情限制，師資生在接近中、小學實體情境練習實作跨領域教學方案時產生困難。師資培育之大學可邀請學校專家教師，以同步視訊融入專題導向學習策略，引導師資生了解學校情境問題與設計跨領域教學方案。本研究以一門師資培育之教育專業課程進行探究，採同步視訊融入專題導向學習爲策略，藉由師資生在跨領域教學方案實作的學習過程與學習成果之整體學習成效的了解，探討此課程設計是否適用於師培課程；共有 14 位師資生同意參與。在學習過程表現方面，焦點團體訪談資料分析發現，師資生起初願意在專題導向學習中接受挑戰，但因不具經驗而感受到壓力。師資生不斷透過視訊與專家教師對話及一起思考問題，最終澄清專題導向學習的概念。在學習成果方面，師資生的跨領域教學方案經過評分後，均達精熟程度的學習成果，也在視訊融入專題導向學習上顯示正向且高度的參與知覺。本研究發現，專家教師的線上引導促進師資生積極投入行爲是師資生整體學習成效的關鍵因素。再從師資生的學習過程和學習成果推估，運用同步視訊融入專題導向學習培養師資生以科際整合的觀點，發展符合學校情境的跨領域教學方案是可行的。此作法亦對師資生前往學校進行實務學習受到時空與疫情限制的情況，提供一個合宜的替代方式。

關鍵詞：同步視訊、師資培育、專題導向學習、跨領域教學

壹、前言

一、研究動機

　　十二年國教課綱於 108 學年度正式實施，課程總綱提及學校於校訂課程中可設計跨領域課程與教學方案，師資培育之教育專業課程（以下簡稱師培課程）也應多加關注。然而，早期師培課程幾乎沒有跨領域教學的教材教法與教學實習之課程，即使當前部分師資培育之大學已設計跨領域相關的教育學程學分課程，仍較少以真實學校情境為本位的實作練習，使得跨領域教學方案設計能力培養略顯得困難。

　　師資生要設計符合中學現場可用的跨領域教學方案，得要先對中學生的學校生活情境有所了解，若能實際到中學，便可蒐集到充分的情境資訊。然而，除了時空限制外，在 COVID-19 疫情下，多數學校不願意接受外人到訪，這促使師資生到中學訪談或諮詢教師產生困難。拜科技之賜，同步視訊會議（synchronous videoconferencing）讓學習的形態產生了變化，師資生可運用同步視訊功能與中學的師長互動，中學師長也無需出門便可以分享學校的情境資訊，同步視訊提供師資生在疫情期間可練習實作一個學校的跨領域教學方案的機會。已有文獻指出，運用同步視訊可把校外專家帶入學校，提供專家知識，也可透過視訊分享資料，引導學生探究學習（Hopper, 2014; Newman, 2008）。

　　其次，在跨領域教學方案設計的學習中，師資生了解學校情境後，要再探討情境現象或問題，並於分析後發展主題以及教學方案，以滿足學校情境中學生的學習需求。這種需要依據情境探討問題，進而蒐集資料與解決問題之過程，正傾向是一種專題導向學習（project-based learning）的策略。如同陳毓凱與洪振方（2007）所言，專題導向學習是一種基於情境，並利用驅動問題，探究主要議題，其最終以一個成品來呈現所學的知識與技能；而 Goldstein（2016）的研究也指出，專題導向學習策略可促進師資生產出教學方案與學習成效。如此而言，專題導向學習對師資生發展跨領域教學方案似乎具有運用的可行性。

　　基於上述理念，師資生以同步視訊與校外情境接觸，並與專家教師進行同步視訊對話，並在專家指導下，以專題導向學習策略進行探究、

蒐集資料與發展自我導向學習的報告。在後疫情期間，師資生實際到中學現場探討情境問題進而發展合宜的教學方案可能有困難，但以同步視訊邀請專家結合專題導向學習策略有助於師資生了解跨領域教學的內容，以及培養其教學方案的實作能力。

二、研究目的與研究問題

基於上述研究動機，本研究採同步視訊融入專題導向學習為策略，藉由師資生在跨領域教學方案實作過程表現與學習成果之了解，探討此方案設計是否適用於師培課程，而其具體研究問題如下：

（一）在「同步視訊融入專題導向學習以培養師資生跨領域教學方案實作能力」之方案中，師資生在專題導向學習過程中的學習表現為何？

（二）師資生在跨領域教學方案實作的學習成果為何？

貳、文獻探討

本研究的目的是以同步視訊融入專題導向學習探討師資生在跨領域教學方案實作的學習表現與學習成果，亦即以「跨領域教學方案」為主要學習內容，並以「同步視訊融入專題導向學習」為教學方法，因此，有必要先探討本研究的學習內容和教學方法。

一、跨領域教學方案的內容探討與相關研究

在教育現場，課程通常指的是學習內容，教學則指教學活動，跨領域教學是由跨領域的學習內容去發展跨領域的教學活動流程，因此，本研究所指跨領域教學方案包含學習內容與教學活動設計。跨領域的需求來自於社會問題或現象難以用單一領域的知識去面對與解決，考慮到社會情境的複雜度，學校教師應以情境要素為核心主題，整合與組織相關領域知識，發展足以提供學生面對世界挑戰的教育學觀點（Stentoft, Jensen, & Ravn, 2019）。

文獻上對於跨領域的定義並不完全一樣，大致可區分為兩個觀點

（Lattuca, 2001; Salter & Hearn, 1996）：第一，工具模式（instrumental model），主要目的在於借用相關領域知識解決一個統整性問題，此觀點可強調各領域知識的功能與其在解決問題的必要性；第二，概念模式（conceptual model），以概念解構學科領域的知識範疇，原有學科領域界線消失，沒有各學科領域的結構性，而是因應學習需要，整合相關的概念並轉化為教學方案。不過，也有一些學者，如 Choi 與 Richards（2017）把概念模式的跨領域課程稱為超學科課程（transdisciplinary course），如此便把工具模式的跨領域課程稱為科際整合課程（interdisciplinary course）。Drake 與 Burns（2004）認為，科際整合課程是以情境問題意識出發，發展「主題」內的範圍以及發展次主題「概念」，再依「概念」的內涵與性質歸入不同學科領域，繼而針對這些學科領域概念進行教學方案的轉化與探究。這有別於純以學科領域知識並列的多學科課程（multidisciplinary），亦不同於以學生在真實生活情境發展生活技能的課程，稱為超學科課程。

　　早期九年一貫課程所進行的主題統整大部分為多個學科整併，無概念或組織上的整合，經常被詬病為「為統整而統整」（歐用生，2003）；然而，以十二年國教課綱以及當前臺灣學校教育制度而言，學校內有各領域專長教師指導各領域知識，很難要求學校和教師拋棄學科領域知識發展概念模式的跨領域教學方案。陳佩英（2018）在比較多學科、科際整合與超學科的理念後，提及科際整合的理念符合新課綱的理念發展思維，並在帶領臺灣教師發展跨領域素養導向的課程與教學設計時，獲得參與教師的認同與後續的實踐。基於上述的探討，本研究之跨領域設計理念非傳統的多學科設計模式，也非難以適用在當前教育制度與新課綱理念的超學科觀點，是以科際整合模式進行跨領域教學方案的發展。亦即是以真實學校情境意識出發，不同學科領域教師形成一個團隊，運用工具模式之科際整合的跨領域設計思維探討欲解決的問題，在分析與主題問題相關的領域知識後，統合各領域知識發展整合性的教學活動方案，並以解決學校情境相關問題為目標。

　　不過，Davis（1995）強調教學團隊合作的必要性，教師要有整合性觀點，也要相互理解與相互協調各領域教學的內容。跨領域教學方

案設計經常面對許多合作運作上的挑戰（Thomas & Brown, 2017），
Berlin 與 White（2012）探討職前教師在跨領域教學設計時，發現小
組發展課程內容與教學方案常因溝通問題而缺乏效率；Ronfeldt、
Farmer、McQueen 與 Grissom（2015）的研究便指出，合作品質正向地
影響教師在教學方案發展與學生在跨領域教學的成效；另外，張堯卿與
梁慧雯（2018）則認為，需要跨越學科本位，要勇於溝通與表達，傾聽
不同學科的看法，才能跨越學科領域知識的邊界。如此，在跨領域教學
方案設計中，小組成員間的合作態度可能影響課程與教學方案的發展。
本研究是以師資生為對象，小組成員的合作態度是否影響教學方案的發
展，則需在學習過程中進一步探討。

　　綜合上述文獻探討，本研究指出師資生要發展跨領域教學方案是指
師資生需先探討學校情境問題，進而分析發展跨領域教學的主題，後以
主題相關的領域核心知識，以及統合任務設計與實作教學方案。如此內
容組織可以呼應 Jacobs（1989）所建議的跨領域教學方案設計的流程，
包含：（一）選擇情境相關的主題，成為教學方案的組織中心；（二）進
行主題相關的思考與腦力激盪；（三）發展核心問題與確認教與學的範
圍和順序；（四）組織安排跨領域教學方案。而所發展的跨領域教學方
案便需符合 Drake 與 Burns（2004）的「科際整合」之跨領域觀點，亦
即：（一）以情境問題意識出發；（二）發展「主題」內的範圍以及發展
次主題「概念」；（三）再依「概念」的內涵與性質歸入不同學科領域，
繼而針對這些學科領域概念進行教學方案的轉化與探究；（四）整合性
任務設計。換言之，如果師資生設計的跨領域教學方案具有上述內容要
素，便可推估其具有跨領域教學方案的學習成果。

二、同步視訊融入專題導向學習的探討與相關研究

（一）專題導向學習在師培課程的應用

　　專題導向學習是指學生針對一個專題擬定探索計畫來進行學習
（Thomas, Mergendoller, & Michaelson, 1999）。Blumenfeld 等人（1991）
定義專題導向學習為一種複雜的工作，過程中要求學生提出具有挑戰性

的問題，經過設計、擬定策略和探究行動，在一段時間內自主地從事相
關工作，並完成真實的作品及發表。徐新逸（2001）則定義專題導向
學習是一種建構取向的學習方法，學習者設計高度複雜且真實性的專題
計畫，過程中學生需找出主題、設計問題、規劃行動方案、執行問題解
決，並呈現作品或報告結果。簡單而言，專題導向學習是學生自主性地
發展問題，並在行動中蒐集與分析資料，最終以整體歷程報告呈現專題
學習的過程與結果。

　　專題導向學習是環繞著「專題」而進行學習，由於多數專題具有
高度複雜性，學生可能需要統整不同的學科領域（Blumenfeld et al.,
1991）。也有文獻提及專題導向學習是強調將專題相關的知識和經驗
系統化地加以組織，讓知識與經驗緊密結合，學生在學習過程中，不
僅能有效學得知識的意義，並可將所學應用於日常生活中（Solomon,
2003）。Wahid、Lee 與 Baharudin（2020）則認為，專題導向學習之主
要目的是為學生提供一個平臺和學習環境，使他們將所學理論付諸實
踐，並在互動過程中應用、綜合、區分、摘要和從結論中獲得新知能，
從而深入學習且了解課程的重要關鍵概念，這些獲得的知能不僅在學習
領域專業上是無價的，而且也可轉移至生活的其他方面使用。由於專題
導向學習強調知識的整合，也強調生活情境中的運用，專題導向學習適
合用來成為一種培養師資生發展跨領域教學設計能力的學習策略。

　　從上述的定義和特色來看，專題導向學習是一個尋求問題答案的
過程，要學生積極投入在以專題為導向的學習環境，教師的教學設計相
當重要。教師要提供學生在專題學習上的施展空間和充分學習的機會，
讓學生結合新舊知識，並將理論化的思維與日常經驗和真實情境產生關
聯（Ramsden, 2003）。Wahid 等人（2020）則認為，教師的關鍵作用
是發展專題的情境脈絡和促進有效學習的產生。因此，在專題導向學習
中，教師的引導或邀請協同教師加入，包含提供情境和協助，似乎具有
促進學習成效的關鍵作用。

　　在教學的引導要素方面，Krajcik 與 Blumenfeld（2006）確認專
題導向學習有三個要素，分別是產生驅動問題（driving questions）、
發展書面文件（developing artifacts）、與同伴合作（collaborating

with peers）。當學習者提出好的問題，便可幫助他們組織有意義的目標和活動，透過探討，驅動問題可以產生有價值的數據（Krajcik & Blumenfeld, 2006）。其次，發展書面文件是促使學習者參與一系列活動，包括計畫、檢索與分析資訊以及製作成果報告，並與他人分享，且有助於學習者培養訊息處理、問題解決和批判性思維能力（Garrison, 2007; Howard, 2002）。再者，由於知識是與他人在情境中共同發展與建構的（Lave & Wenger, 1991; Wenger, McDermott, & Snyder, 2002），與他人合作可以共同討論挑戰性的想法以及解決問題，已有許多文獻提及合作可增強學習者解決問題的能力，以及接受挑戰的意願（Lin & Hsieh, 2001; Ward & Tiessen, 1997）。以上述的觀點而論，產生驅動問題、發展書面文件及與同伴合作之三個要素，不僅對學生專題導向學習的結果有利，且對於培養面對挑戰的能力也是有助益的。Rees Lewis、Gerber、Carlson 與 Easterday（2019）提出四點作為克服學生在專題導向學習的挑戰，包含：是否符合學習需求、具有彈性的專題且能協助學生了解專題學習的方法，以及邀請協同教師提供協助。以此而言，除了不同學校有不同的情境，驅動問題具有彈性的特性以及跨領域教學方案也符合師資生學習需求外，過程中專家教師的參與，可引導師資生進行專題導向學習。

在相關研究方面，Grossman、Pupik、Kavanagh 與 Herrmann（2019）藉由問卷調查蒐集已完成專題導向學習的參與者之知覺，發現參與者具有多領域的學習，並致力於真實工作與相互合作之歷程中。Tsybulsky 與 Muchnik-Rozanov（2019）探討職前教師採用專題導向學習的經驗，發現專題導向學習有助於塑造職前教師的專業認同，包括自信心和專業成長，並在克服挑戰和同儕合作方面獲得正向且有意義的經驗，而這些經驗在維持職前教師的教學實踐上發揮顯著的作用。另外，Tsybulsky、Gatenio-Kalush、Abu Ganem 與 Grobgeld（2020）探討職前教師在專題導向學習中的學習經驗品質，發現學習經驗是有意義且具有價值的，因此確認透過專題導向學習可連結理論與實務，去培養職前教師逐漸成為合格教師的專業知能發展之需要。然而，Matzembacher、Gonzales 與 do Nascimento（2019）的研究卻顯示，若學生習慣於傳統

課堂學習方式，在專題導向學習上就會有一段適應期，持續性地了解與
支持是必要的。因此，教師需要關注的是學生在專題導向學習的適應與
對此學習方法的適應與了解。

（二）結合同步視訊的專題導向學習與其跨領域教學方案的設計

　　如前所述，在 COVID-19 疫情期間，師資生要多次前往中學蒐集資
料或諮詢學校師長，進而發展以學校情境為核心的跨領域教學方案具有
困難。然而，當前 4G 網路科技發展及智慧型手機的便利，同步視訊互
動已逐漸成為人們平時互動討論的工具；另外，在疫情傳播下，同步視
訊的 Google Meet 也常被使用在線上學習。已有研究確認，同步視訊互
動像似與一個真實的人講話，強化互動的感覺，如此互動模式可用來指
導與即時問答，以澄清概念和避免文字解讀上的誤解（Borup, West, &
Graham, 2012; Kear, Chetwynd, Williams, & Donelan, 2012）。Barber 與
King（2016）指出，結合網路和專題導向學習讓學生的學習跨越學校，
逐漸改變學校教育形態，特別是高等教育，提供學生更多問題解決的練
習機會。

　　早期有許多網路專題導向學習的研究（李建億，2006；詹雅婷、張
基成，2001），多數是利用網路進行資料蒐集，也利用同步文字互動
和非同步的機制進行線上討論與分享，最後發展作品與發表。近年來，
學習者可透過即時同步視訊與專家對話，不需文字輸入即可進行資料蒐
集、線上視訊討論和畫面分享。Hopper（2014）運用即時視訊讓學生與
校外專家進行視訊對話，校外專家分享許多實務資訊和提供問題的解
答，增強學生的學習成效。不過，Al-Samarraie（2019）的研究卻顯示，
雖然即時視訊提供特定的學習機會，但教學活動設計上，學生與教學者
還沒有充分準備好運用這些機制進行學習。因此，同步視訊在專題導向
學習的應用還必須要教師的教學設計，而師資生的學習表現與參與知覺
也需進一步探討。教師的教學設計與學習者的參與知覺是確認同步視訊
融入專題導向學習的重要資料。

　　在教學設計方面，綜合先前提及的跨領域教學與專題導向學習，
專題導向學習非常適合用來培養師資生發展以真實學校情境為核心的跨

領域教學能力，況且每所學校的情境不同，其面臨的問題也不同，師資生透過小組合作以及安排學校情境，從中發展驅動問題與形成探究計畫書，再合作討論與尋求組織資訊，完成跨領域教學方案的實作任務。本研究將跨領域教學方案的設計流程（選擇情境相關主題、進行主題腦力激盪、發展核心問題與確認教學內容、組織跨領域教學方案）、專題導向學習三要素（產生驅動問題、發展書面文件、與同伴合作）及同步視訊三者結合，發展同步視訊融入專題導向學習於跨領域教學方案的教學步驟，包含：1. 藉由同步視訊了解情境與情境分析；2. 小組合作發展驅動問題；3. 小組同步與非同步討論發展跨領域教學方案內容（根據情境問題發展設計主題與概念、概念與教學活動，以及整合性任務）；4. 小組提出方案以及成果分享等四個階段。

　　另外，在參與知覺方面，根據 Newmann、Wehlage 與 Lamborn（1992）的觀點，學習參與是學生為了學習某項知識或技能所做的心理投資及努力；而 Fredricks、Blumenfeld 與 Paris（2004）整合相關文獻後，將學習參與歸納出三種要素：1. 認知：學生學習策略的運用，以及自我調節的能力；2. 行為：是學生積極主動的行為；3. 情感：是學生在課堂上所呈現的各種情緒反應。因此，師資生參與同步視訊融入專題導向學習的參與知覺，可以包含認知上的理解、投入學習活動的行為以及對學習的感受。

　　整體而言，社會環境愈趨複雜，難以用單一學習領域的知識面對問題，專題導向學習提供一種足以探究複雜社會所需要的跨領域學習之策略，而同步視訊可提供師資生專家諮詢、線上即時討論與合作的機會。將同步視訊融入專題導向學習，師資生從情境分析中找出驅動問題，並進一步發展跨領域教學方案，特別在後疫情期間，似乎具有可行性，但其學習過程表現與學習成果仍需進一步驗證。

參、研究方法與設計

　　本研究以一門師培課程「跨領域教學應用與實作」進行探究，以同步視訊融入專題導向學習為策略，藉由了解師資生在跨領域教學方案實

作中的學習表現與學習成果，探討此方案設計是否適用於師培課程。茲
將細節說明如下：

一、研究方法

　　本研究根據文獻探討發展教學實踐的內容。在研究中，師資生透過
同步視訊諮詢學校專家教師，了解學校情境問題，再以專題導向學習策
略，進行小組合作以及和專家教師互動，發展符合學校情境的跨領域教
學方案。為了蒐集師資生在學習過程中的學習表現與學習成果資料，本
研究採融合研究法（Creswell, 2013），蒐集量化與質性資料，包含學
習成就測驗、焦點團體訪談、參與知覺問卷以及跨領域教學方案作業。
透過上述的方法與資料分析，除了檢視整體學習成效外，亦推估此師培
課程在師資培育應用上的合宜性。

二、研究參與對象

　　本研究參與者為 14 位師資生，來自一所師資培育之大學的九個學
系，他們若通過教甄，便可能成為九個學科領域的教師，因此，這些師
資生的組合正如不同學科領域教師共同發展跨領域教學方案的樣貌。師
資生被分為四組，每一組師資生至少來自於兩個學系，每組 3-4 人。每
位師資生均簽署參與者同意書。

　　所有師資生均修過教育基礎課程（教育概論、教育心理學），符合
本校師培課程在修習進階課程前需具備先備知能課程之規定。觀察其上
線與專家教師互動，每一位師資生均有提出或回應問題，對話內容亦均
涉及學校情境的提問或教學方案內容的細節，可以推論具有教育基礎知
識。另外，他們的網路工具操作均無問題，除了既定上課時間外，也利
用課餘時間與專家教師進行同步視訊。

三、校外專家邀請與同步視訊互動的應用

　　本研究邀請 4 位具有自己和帶領其他教師設計跨領域教學的經驗，
且當前服務於不同中學的主任或教師擔任協同教師（本研究稱為專家教

師），他們服務年資介於 15-20 年之間。研究者隨機將 4 位專家與師資生小組配對。

本研究借用專家教師的跨領域教學之經驗，請專家教師進行兩項主要任務：第一，需介紹該校情境與提供情境相關資料，包含學校環境、教師與學生特質以及學習資源（含視訊畫面），之後，接受師資生的問題諮詢；第二，與師資生共同討論跨領域教學方案，並提供建議。原定專家教師至少與師資生進行四次、每次一小時以上的視訊連線，在研究後經統計，各組師資生與其專家教師的連線紀錄至少七次，各組總時數均達 10 小時以上。連線時各組以 Facetime 或 Google Meet 為互動工具，連線時間和地點不一，除了在課程時間連線外，另有一部分由師資生與專家教師約定在非課程時間，一位專家教師也曾在高速公路休息站進行視訊連線，師資生小組也曾在同一個地方或分散各地但同時上線。參與者多數以筆電為工具，少數則運用智慧型手機。

四、主要的學習內容、教學活動與學習成果評量設計

本研究藉由文獻探討釐清課程與教學相關的學理基礎，以及發展一學期的課程教學活動，在 109 學年度第一學期實施。學習內容與教學活動架構，如圖 1 所示。

在主要學習內容方面，Jacobs（1989）提及跨領域教學方案的發展流程（選擇情境主題、進行主題相關的思考、發展核心問題及範圍和順序、組織安排跨領域教學方案），以及 Drake 與 Burns（2004）提及「科際整合」之跨領域方案需要包含的要素（情境問題意識、主題與概念、概念與教學活動及整合性任務），亦即師資生可參考發展流程，進而設計包含四個要素的跨領域教學方案。本研究為了讓師資生了解跨領域教學方案的發展流程與內含要素，在師資生實際進行跨領域教學方案實作前，先指導跨領域教學的理論與內涵，並舉例說明情境分析、主題與概念組織、教學活動設計以及統合任務設計之關係。

在主要教學活動方面，除了基礎知識的學習外，以同步視訊融入專題導向學習為主要的活動。本研究綜合文獻探討提出同步視訊融入專題

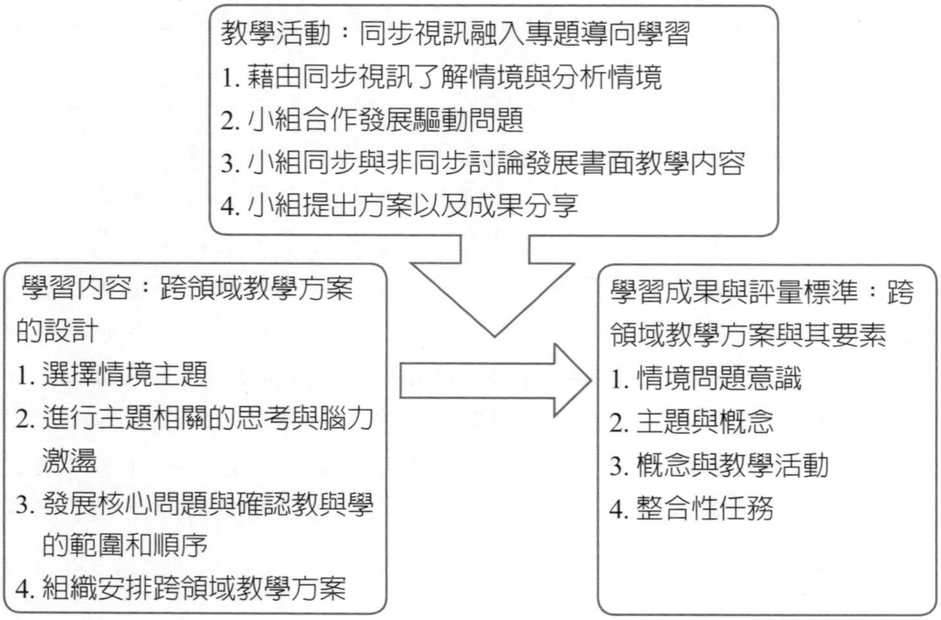

教學活動：同步視訊融入專題導向學習
1. 藉由同步視訊了解情境與分析情境
2. 小組合作發展驅動問題
3. 小組同步與非同步討論發展書面教學內容
4. 小組提出方案以及成果分享

學習內容：跨領域教學方案的設計
1. 選擇情境主題
2. 進行主題相關的思考與腦力激盪
3. 發展核心問題與確認教與學的範圍和順序
4. 組織安排跨領域教學方案

學習成果與評量標準：跨領域教學方案與其要素
1. 情境問題意識
2. 主題與概念
3. 概念與教學活動
4. 整合性任務

圖1　本研究之學習內容與教學活動的架構

導向學習的過程：（一）藉由同步視訊了解情境與情境分析；（二）小組合作發展驅動問題；（三）小組同步與非同步討論發展書面教學內容；（四）小組提出方案以及成果分享四個階段。這四個階段會在第六週的專題導向學習訓練課程中提及，師資生也以這四階段為原則進行專題導向學習。

　　在學習評量方面，跨領域教學方案與其要素是主要的評量項目與向度。本研究根據文獻探討確認跨領域教學方案的要素（情境問題意識、主題與概念、概念與教學活動、整合性任務）進行作業評分，再整合其他研究工具的資料蒐集（於後說明），了解師資生的學習過程表現與學習成果。

五、教學流程與資料蒐集

　　研究者綜合上述主要的課程、教學與評量設計，設計 18 週的課程

大綱，並安排資料蒐集時間，如表 1 所示。

表 1　本研究教學流程與資料蒐集之摘要

	第一階段	第二階段	第三階段
週次	1 至 6	7 至 15	16 至 18
教學流程	跨領域教學的理論、概念、類型、作法、時機等內容講解與實例探討	小組跨領域教學方案的實作，包含同步視訊與專家教師互動	各組分享與報告
資料蒐集	第 6 週學習成就測驗	第 7 至 8 週第一次焦點團體訪談第 13 至 14 週第二次焦點團體訪談	第 16 至 17 週繳交各組作業報告第 18 週參與知覺問卷施測

　　第一階段是前 6 週，在實體教室進行，前 5 週進行講述與提問活動，內容包含跨領域教學的理論、概念、類型、作法、時機，以及實例探討，以作為師資生發展跨領域教學方案實作的基礎知識。第 6 週除了進行前 5 週學習的學習成就測驗外，也進行同步視訊的介紹與訓練。此週亦要求師資生開始與專家學者聯繫，並嘗試與熟練同步視訊的功能。

　　第二階段是第 7 至 15 週，是小組跨領域教學方案的實作時間。在此階段，師資生於課堂學習中接受研究者的引導與階段任務說明（約一節課時間），之後自主性地以專題導向學習為策略進行學習，包含小組討論及與專家教師進行諮詢與線上討論。細節與週次安排原則如下（師資生可根據進度彈性調整）：（一）第 7、第 8 週了解所要設計跨領域教學方案的學校情境與情境分析；（二）第 9 週則是要求師資生小組合作發展驅動問題；（三）第 10 至 14 週進行小組同步與非同步討論，發展書面教學內容；（四）第 15 週則小組提出「跨領域教學方案」，再請專家教師檢視跨領域教學方案的細節，並進行調整。另外，研究者於此階段之初和最後以焦點團體訪談方式訪談每一組成員，了解師資生的學

習過程與困難。

　　第三階段是第 16 至 18 週，是各組分享與報告，在實體課堂中進行，此週也是回饋、檢討與分享的時間，亦是經驗內化的重要時間，師資生可藉由回顧與省思，察覺跨領域合作設計教學方案能力的形塑過程；再於第 18 週繳交跨領域教學方案作業以及填寫問卷。

六、研究工具的發展與分析

　　本研究之研究工具包含學習成就測驗、跨領域教學方案作業、焦點團體訪談大綱及參與知覺問卷等四項，分別說明如下：

（一）學習成就測驗與效信度

　　學習成就測驗在第 6 週施測，目的在於檢測師資生進行跨領域教學方案實作前是否具備跨領域教學的基礎知識。本研究以雙向細目分析表設計評量目標，在雙向細目分析表的學習內容上，以前 5 週實體課程所學習的「跨領域教學的理論、概念、類型、作法、時機」等五個主題內容，各設計兩題選擇題，每題 10 分，總分 100 分；在雙向細目分析表的學習表現上，由於此工具僅在於確認師資生對跨領域教學方案的基礎知識，因此，均以學習目標的「了解」和「應用」之認知層次進行題目的編擬。研究者再邀請 3 位均是教育學博士且具有帶領中、小學教師進行跨領域教學設計經驗的同事協助檢視題目是否符合跨領域教學的內容，調整字句後均有傾向一致性的認可，最終編擬成正式版的學習成就測驗，如此亦建立學習成就測驗的內容效度。

（二）跨領域教學方案的設計與評分標準表

　　跨領域教學方案的設計是本研究指稱的學習成果資料。師資生所發展的「跨領域教學方案」作業需要評分，本研究根據評分標準表（rubric）發展其原則，包含：1. 找出評分內容的關鍵「向度」；2. 以「級分」來區分作業行為表現的內容多寡。在向度方面，根據 Drake 與 Burns（2004）的觀點，跨領域教學方案包含情境問題意識、主題與概

念、概念與教學活動，以及整合性任務等四個面向，因此，評分標準表的向度是以此四面向為主；在級分方面，把表現內容最豐富的列為最高分5分，亦即5分是「完整提到……包含」、4分是「大部分提到……缺少」、3分是「部分提到……不足」、2分是「少部分提到……較少」、1分是「僅提到……大部分沒有」。

　　評分標準表編擬後，邀請先前提及的3位同事協助檢視，根據四個面向（情境問題意識、主題與概念、概念與教學活動、整合性任務）以及不同級分交叉後的內容描述，進行比較對照。檢視之後，最終調整部分字句，確定後的評分標準表如表2所示。之後，本研究邀請校外3位曾申請前導學校計畫且具有跨領域教學方案設計經驗的主任或教師針對四組作業分別進行評分，評分後將3位評分者對四組的分數計算評分者信度，再將具有評分者信度的分數進行平均計算。

表2　跨領域教學方案作業評分標準表

向度 等級	情境問題意識	主題與概念	概念與 教學活動	整合性 任務設計
5分 完美	能完整地提及學校情境問題，並設計與問題意識相關的跨領域教學方案之目標。	根據目標發展主題，再從主題發展概念，且概念間具有完整的關聯性。	根據主題與概念安排合適的教學活動與策略，並可預期完全激發學生學習動機。	能充分整合跨領域教學目標與主題概念，設計具統整性之教學與評量活動，且具完美的連結性。
4分 精熟	能確切地提及學校情境問題，並設計與問題意識相關的跨領域教學方案之目標。	根據目標發展主題，從目標、主題發展概念，且概念間的關聯性合宜。	教學活動能依據主題與概念編寫，大部分已經注意到學生學習動機的激發。	統整性教學活動能根據跨領域教學目標與主題發展，目標、活動與評量的連結性具有合宜性。

表2　跨領域教學方案作業評分標準表（續）

向度 等級	情境問題意識	主題與概念	概念與 教學活動	整合性 任務設計
3分 尚可	能提及學校情境的部分問題，所設計的跨領域教學方案之目標與問題尚具有連結性。	尚可從目標發展主題以及從主題發展概念，但概念間的關聯性尚可。	部分教學活動尚能依據主題與概念進行編寫，略注意到學生學習動機的激發。	統整性教學活動僅與部分跨領域教學方案目標與主題有關，目標、活動與評量的連結性尚可。
2分 不足	僅提及學校情境的小問題，所設計的跨領域教學方案之目標與問題不具有連結性。	從目標發展主題時，從主題發展概念以及概念間等的關聯性，僅少數具有關聯性。	僅少部分教學活動能依據主題與概念編寫，很少注意到學生學習動機的激發。	統整性教學活動與跨領域教學方案目標與主題較少有關，目標、活動與評量的連結性不足。
1分 待加強	提出的情境問題與學校幾乎無關，情境問題也與跨領域教學方案目標幾乎無連結。	從目標發展主題時，從主題發展概念以及概念間等的關聯性，缺少連結與邏輯性。	教學活動沒有依據主題與概念進行編寫，也毫無注意到學生學習動機的激發。	幾乎沒有統整性教學活動，而教學活動與評量幾乎與跨領域教學方案目標不具連結性。

（三）焦點團體訪談大綱

　　為了察覺師資生在專題導向學習過程中的學習表現以及可能遭遇的困難，本研究於第 7 至 8 週對師資生進行第一次焦點團體訪談，再於第

13 至 14 週進行第二次，亦即研究者針對師資生進行專題導向學習「前」和「後」的訪談，每組焦點團體訪談時間約 40 分鐘。

　　焦點團體訪談的目的在於蒐集師資生在學習過程中的學習表現之質性資料，由於同步視訊融入專題導向學習於跨領域教學方案設計涉及認知、行為與情意三個面向，認知是關於專題學習（跨領域教學方案）的發展、探討與成果建置；行為是關於同步視訊融入專題導向學習中的方法和技術；而情意部分則是小組合作的態度。本研究雖以認知、行為和情意等面向藉此發展初步焦點團體訪談大綱，但在回應後的接續訪談中，則以師資生在學習過程表現與其可能的學習困難的綜合知覺為主。訪談大綱如下：

1. 認知（從上一次的訪談至今）：在跨領域教學方案的專題學習內容上，你覺得過程是什麼？目前為止，你有什麼不了解的地方或問題嗎？
2. 行為（從上一次的訪談至今）：在同步視訊融入專題導向學習的方法上，你怎麼去實踐的？目前為止，你遭遇什麼困難或問題？
3. 情意（從上一次的訪談至今）：在小組進行跨領域教學方案的專題學習之實作上，你們如何進行？目前為止，你們遭遇什麼困難或問題？

　　研究者於訪談中先讓每一位受訪者皆發言，再以單一受訪者的意見詢問其他同組的受訪者，其中不斷地讓受訪者去思考他人的意見，研究者最終再整理而發展出共識，之後尋求所有受訪者的認可。焦點團體訪談時，小組內的成員皆要到場，研究者保證不影響其學習成績，請他們針對上述的問題提出想法。

　　另外，焦點團體訪談的資料分析分三部分執行：第一是各組進行焦點團體訪談時，由研究者對師資生所提訊息歸納整理，獲得共識立即尋求認同，若無法認同，則進一步了解細節，再補充於所歸納的訊息；第二是將獲得共識的語句進行關鍵語句、歸類為次類別、再形成類別；第

三，將專題導向學習「前」與「後」兩次的類別進行對照，產生主題，分析師資生在認知、技能與情意三個面向之知覺上是否有明顯的改變。資料分析結果如表 3 所示。

（四）參與知覺問卷

　　參與知覺問卷的目的是為了蒐集師資生於學習過程中的表現知覺之量化資料。本研究參考 Newmann 等人（1992）以及 Fredricks 等人（2004）之學習參與的觀點，將參與知覺分為認知功能、投入行為、情意態度。認知功能是指專題學習的理解知覺，投入行為是指專題學習中的學習行為，而情意態度部分則是小組合作的態度，本研究針對每一個面向發展五個題目，共編擬 15 題，在第 18 週施測。

　　問卷發展後，邀請先前提及的 3 位同事分別針對「三個面向的定義與其題目內容」以及「題目內容與專題學習過程」的對照，進行檢視。調整部分字句後，成為正式問卷，施測後信度為 .863，最後一併和焦點團體訪談資料進行相互檢證，亦即融合研究方法應用。

肆、研究結果與討論

一、研究結果

　　本研究以：（一）藉由同步視訊了解情境與情境分析；（二）小組合作發展驅動問題；（三）小組同步與非同步討論發展跨領域教學方案內容；（四）小組提出方案以及成果分享四個階段進行教學實踐。茲將研究結果說明如下：

（一）師資生的學習過程表現

　　本研究主要以焦點團體訪談蒐集師資生學習過程的知覺以及遭遇的困難資料，師資生回應內容涉及同步視訊融入專題導向學習於跨領域教學方案設計的認知、行為和情意之混合知覺，焦點團體訪談的內容分析情形整理如表 3 所示。

表3　本研究焦點團體訪談之資料分析摘要

關鍵語句	次類別	類別
……有點混亂，不太確定要怎麼進行……可能要花一點時間（109.10.29 第四組）	充滿模糊概念	（初期）對專題導向學習概念模式，也有點擔心，但願意接受挑戰。
本來以為還好，但愈聽愈模糊，特別是專題導向學習，毫無頭緒（109.11.5 第三組）		
很抽象，也有點害怕，不知道到最後能不能做出來……（109.10.29 第二組）	擔心做不出來	
期待可以學點不一樣的，但擔心做不好，我的先備知識可能也不夠（109.11.5 第一組）		
這個任務具有挑戰性，好像也可以試試看（109.10.29 第四組）	願意接受挑戰	
師培課程這樣子，覺得很務實，和專家教師視訊，很期待去做……（109.10.29 第二組）		
專家教師就像老師上課一樣，在視訊另一端引導我們思考，我們就回答，慢慢地，就知道跨領域是什麼？專題自主學習是什麼？（109.12.17 第二組）	認同專家教師透過同步視訊的協助	（後期）認同專家教師的協助，了解專題導向學習的模式，但自認產出跨領域教學方案的可行性不高。
專家指導很有用，雖然有時候他也不知道什麼比較好……我們就和專家教師開著視訊，一起想著要怎麼做？（109.12.17 第四組）		
專家教師會主動用螢幕分享提供資料或網站給我們參考，幫助很大（109.12.10 第一組）		
我們知道從什麼問題下手（找資料），有問題就小組討論……不會否定他人觀點，就一起想（109.12.10 第三組）	了解專題導向學習的概念與合作歷程	
比較有概念了，自己也有模式出來……感覺到跨領域教學方案要設計成功，大家就是要不斷討論與調整（109.12.10 第二組）		

表3　本研究焦點團體訪談之資料分析摘要（續）

關鍵語句	次類別	類別
和專家教師連線時，他說實務面有落差⋯⋯（我去問我妹的老師）我真懷疑我們寫出來可行嗎？（109.12.17 第一組）	自主訪談他人，知覺跨領域教學可行性不高	
我去問我同學（已經是學校教師），問他們都怎麼做⋯⋯他說都是行政在處理⋯⋯（109.12.10 第三組）		
前天我回母校找要去實習的學校老師，她好像也不知道要做什麼？就不知道自己做得好不好？（109.12.17 第二組）		

　　根據表 3 焦點團體訪談的資料分析，在專題導向學習初期，師資生持有「願意接受挑戰，卻感覺到很抽象」的知覺。不過，他們在過程中不僅諮詢專家教師，也自主性地去訪談其他教師學生和蒐集文獻資料；在專題導向學習末期，他們已經了解專題導向學習的目的、概念與歷程。然而，於接受訪談時卻提出這些跨領域教學方案的可行性不高，原因是經過他們自主性地訪談其他教師，了解多數學校並沒有在跨領域教學方案上進行如同本研究提及的理念。

（二）師資生的學習成果

　　第 6 週學習成就測驗施測結果為：100 分有 8 人、90 分有 5 人、80 分有 1 人，亦即所有師資生在學習成就測驗上均達 80 分以上。根據 Guskey（1985）對於精熟標準的定義，是為熟悉教材的 80% 到 90%，藉此可以確認師資生在以專題導向學習策略發展跨領域教學方案之前，對跨領域教學相關的定義、概念與內容已具備基礎知識，也因為所有師資生均具有精熟的程度，可以推估每個人的基礎知識不會影響小組合作學習的運作。

　　另外，師資生的跨領域教學方案在評分後的評分者信度之 Kendall's

W 係數值為 .875，且卡方值的顯著性為 .030，達 .05 顯著水準，由此可得知，3 位評分者對評分具有一致性，具有評分者信度，所評的分數具有可靠性。研究者再將每組來自 3 位評分者的分數進行平均，分別為 4.55、4.4、4.3、4.2 分，全部 4 分以上，亦即達到 Guskey（1985）所言的精熟的程度。換言之，本研究師資生在跨領域教學方案實作上已具有合宜的學習成果。

　　在參與知覺問卷之分析方面，於功能認知上，有 85.6% 的人勾選「同意」以上；在投入行為上，有 92.9% 勾選「同意」以上；在小組合作態度上，有 85.7% 勾選「同意」以上，如表 4 所示。此即表示，有八成以上的師資生認為在學習後對專題導向學習的理解知覺、積極投入學習的行為，以及對小組合作的態度均有屬於「同意」以上的知覺。

表 4　師資生對視訊融入專題導向學習的參與知覺之問卷分析摘要

題目	SD	D	N	A	SA
功能認知：平均 4.31 分					
1. 我認為「同步視訊融入專題導向學習」（以下稱 PBL+V）可以讓我擴大我思考的內容。				8 (57.1%)	6 (42.8%)
2. 我認為「PBL+V」可以讓我知道要完成專題任務的內容細節。			2 (14.3%)	6 (42.8%)	6 (42.8%)
3. 我認為「PBL+V」可以讓我知道要完成專題任務的方法。			1 (7.1%)	9 (64.3%)	4 (28.6%)
4. 我認為「PBL+V」可以讓我依照我們的進度進行專題學習。			2 (14.3%)	4 (28.6%)	8 (57.1%)

表4　師資生對視訊融入專題導向學習的參與知覺之問卷分析摘要（續）

題目	SD	D	N	A	SA
5.我認為「PBL+V」可以讓我探討不熟悉內容的領域知識。		1 (7.1%)	1 (7.1%)	4 (28.6%)	8 (57.1%)
投入行為：平均 4.43 分					
6.在「PBL+V」學習中，我已經發現我在學習過程中有哪些不懂之處。			1 (7.1%)	9 (64.3%)	4 (28.6%)
7.在「PBL+V」學習中，我會主動找資料或諮詢專家以獲得協助。				4 (28.6%)	10 (71.4%)
8.在「PBL+V」學習中，遇到困難或不懂的問題，我不放棄，會盡力去了解				9 (64.3%)	5 (35.7%)
9.在「PBL+V」學習中，遇到困難或不懂的問題，我會評估我的學習方法是否正確。				8 (57.1%)	6 (42.8%)
10.在「PBL+V」學習中，遇到困難而在諮詢專家之後，我會調整我的進度進行學習。				8 (57.1%)	6 (42.8%)
小組合作：平均 4.60 分					
11.在「PBL+V」中，我會在小組內分享我在學習問題解決上的觀點。			2 (14.3%)	2 (14.3%)	10 (71.4%)

表4　師資生對視訊融入專題導向學習的參與知覺之問卷分析摘要（續）

題目	SD	D	N	A	SA
12. 在「PBL+V」中，我會在小組內聆聽同學在學習問題上的觀點。				1 (7.1%)	13 (92.9%)
13. 在「PBL+V」中，我會在小組內針對我和同學意見不同的地方再度思考。				6 (42.8%)	8 (57.1%)
14. 在「PBL+V」中，我會積極完成小組分工的事情。				7 (50.0%)	7 (50.0%)
15. 在「PBL+V」中，我會在小組討論中想辦法從中建立共識。				8 (57.1%)	6 (42.8%)

註：SD：非常不同意、D：不同意、N：不同意也不反對、A：同意、SA：非常同意，在計算平均時，分別是1～5分。

綜合而言，師資生經過一學期的課程、專家諮詢、小組合作等過程，已對專題導向學習有所了解，也表現在跨領域教學方案的作業上；再從焦點團體訪談和參與知覺問卷的分析，確認師資生在視訊融入專題導向學習的認知功能、投入行為和小組合作態度上，均有正向的知覺。以此而言，師資生在同步視訊融入專題導向學習進行跨領域教學方案的實作已有學習成效。

二、研究討論

從師資生在同步視訊融入專題導向學習的過程表現觀之，師資生起初對運用同步視訊沒有感覺到問題，而在運用專題導向學習於跨領域教學方案的作業任務中雖願意嘗試，但因對專題導向學習的概念模糊而感

受到壓力。在專題導向學習後期，已了解專題導向學習的模式，也順利
發展跨領域教學方案。

　　在本研究中，師資生的學習方式要由課堂中聆聽教授以及同儕
互動等方式，改變為自己必須去建立驅動問題、尋求答案，且需分析
資料的可用性，這對沒有類似經驗的師資生，確實有些挑戰。如同
Matzembacher 等人（2019）的研究結果，師資生習慣於傳統課堂學習
方式，在進行專題導向學習時需要一段適應期。然而，隨著專家教師的
引導以及在投入行為上的努力，師資生在問卷「功能認知」（平均 4.31
分）中自陳對專題導向學習的功能之認同，可見初期的壓力似乎已不存
在。

　　再者，文獻亦提及與他人共同討論挑戰性的想法與一起解決問題，
可增強學習參與者的問題解決能力和接受挑戰的意願（Lin & Hsieh,
2001; Ward & Tiessen, 1997）。在本研究中，專家教師提供許多協助，
也多以提出問題促進師資生一起思考，甚至和師資生一起在線上討論
自己在現場遭遇到的問題。專家教師與師資生運用同步視訊，一起討
論，即時澄清，類似多數研究的結果（Borup et al., 2012; Kear et al.,
2012），同步視訊強化互動的效果，也如同 Hopper（2014）所言，可增
強師資生的學習成效。

　　根據文獻觀點（Berlin & White, 2012; Thomas & Brown, 2017），
跨領域教學方案發展時，參與者經常面臨到合作上的挑戰，而 Ronfeldt
等人（2015）也發現，小組合作的品質影響課程發展的品質。簡言之，
跨領域教學方案之發展要具有成效，必須成員跨越學科本位，勇於溝通
與表達（張堯卿、梁慧雯，2018）。由於本研究對象師資生，在合作發
展跨領域教學方案中似乎沒有文獻所指稱的問題，反而在參與知覺問卷
之「小組合作」（平均 4.60 分）上，呈現高度的認同。因此，可以確
認師資生的小組合作是促進他們發展跨領域教學方案具有成效的關鍵因
素之一。

　　綜上而論，師資生在視訊融入專題導向學習過程中，透過專家教
師的協助，對專題導向學習的功能已可認同。從師資生在參與知覺問卷
的「投入行為」（平均 4.43 分）以及「小組合作」（平均 4.60 分）的

分析中可以發現，師資生在學習過程中不斷地諮詢專家教師，不斷自我調整，也在小組合作中分享與討論。再從線上諮詢的次數與時數比原訂的還要多可以得知，小組樂於向專家教師諮詢，而專家教師即使在外忙碌，也願意在師資生需要協助時提供建議。另外，再從第二次焦點團體訪談的分析中可以發現，師資生和專家教師開著視訊一起思考問題，專家教師也以螢幕分享功能提供參考實例，和專家教師進行同步視訊是師資生重要的學習媒介。由此可以推估，專家以同步視訊引導促進師資生的積極投入行為，是促進師資生對專題導向學習知覺改變的重要因素。

再從師資生在跨領域教學方案之實作的成果觀之，研究者先行指導跨領域教學的意義以及提供跨領域教學方案的實例，再進行同步視訊融入專題導向學習的活動。從連線時間地點不一的情形可以發現，同步視訊的運用相當便利，師資生也無需進入中、小學便可了解學校情境；而從小組合作的表現中亦可發現，小組成員即使多來自不同學系，但願意聆聽他人與省思自己，促進跨領域教學主題前的驅動問題、主題概念的設計與活動的發展；而當產出想法時，再請專家教師確認或提供建議，最終產出可以具有精熟程度的跨領域教學方案。正如同 Rees Lewis 等人（2019）提及協同教師對學生專題導向學習的助益，也如同 Hopper（2014）所言，運用即時視訊機制讓校外專家分享許多實務資訊和提供問題的解答，增強學生的學習成效。以此而言，同步視訊融入專題導向學習具有提供師資生情境接近和專家諮詢的機會，以及以專題探究的歷程發展情境為主的跨領域課程之優點，確實可培養師資生跨領域教學方案的實作能力。

本研究基於師資生難以進入中、小學校園進行跨領域教學實作的學習之起點，發展同步視訊融入專題導向學習的方案，再邀請專家教師協助。從師資生的學習過程與成果推估，運用同步視訊融入專題導向學習培養師資生以科際整合的觀點，發展符合學校情境的跨領域教學方案是可行的，如此歷程與結果對傳統師培課程分科分領域教學實習的課程設計具有重要的參考指引。此作法亦對師資生前往學校進行實務學習受到時空與疫情限制的現象，提供一個合宜的替代方式。

三、教學省思

（一）本研究之課程與教學上的省思

本研究引導師資生產出跨領域教學方案，參與研究的師資生在同步視訊應用能力與跨領域教學方案的實作上已具有成效。但在初期對專題導向學習的概念是模糊的，導致在學習初期花費了一些時間摸索，原因可能來自於前 5 週的基礎課程是以跨領域教學方案的理念為主，也因為專題導向學習是一種學習方法，需要實際操作練習才能有所知覺，不如跨領域教學方案傾向有具體的向度與內容。本研究思考未來進行專題導向學習時，可先以一個虛擬情境問題，指導師資生專題導向學習之計畫編擬，培養專題導向學習的基礎能力。

（二）師資培育上的省思

本研究師資生即使已經發展合宜的跨領域教學方案，但在訪談中提及當前中學現場對於跨領域教學不常設計與實踐，亦即在學習內容與教育實務知覺上產生衝突。如此衝突也可能發生在部分中、小學已經開展新穎的課程與教學理念中。這除了需要檢視當前職前師資培育的內容設計外，也需要思考師資生對於教育在社會上的功能若與未來工作環境產生衝突時，可以結合跨領域的學理基礎對照部分已具有成功經驗的學校實例，促進他們對教師工作的專業認同。

伍、研究結論與建議

本研究之目的在於以同步視訊融入專題導向學習，探討師資生於跨領域教學方案實作過程中的學習表現與學習成果，藉以了解此方案在師資培育上應用的可行性。本研究發現，師資生在學習過程不斷諮詢專家教師以釐清面臨的問題，且積極投入與小組合作共同完成具有精熟程度的教學方案，因此，本研究所提出的方案在師培課程上具有適用的價值。

一、結論

（一）師資生的同步視訊融入專題導向學習具有從概念模糊與壓力到可掌握學習意義的表現歷程

專題導向學習是以情境和驅動問題為探究的起點，但由於時空與環境限制，同步視訊提供師資生與專家教師對談和了解情境的機會，如此，也促進師資生原本對專題導向學習的模糊知覺，轉變為掌握其意義。專家教師提供學校情境相關資訊，師資生自己產出驅動問題，也自己主動地蒐集文獻與其他資料，並在多次與專家教師的對談中，獲得專家教師的認同與建議，逐步建立專題導向學習的結構知識。

專家教師以同步視訊引導及促進師資生的積極投入與合作行為是師資生學習改變的關鍵因素，前者提供情境資料蒐集以及確認自己產生觀點可以被認可的機會；後者則是起源於模糊概念的解決意圖，再結合前者，共同形塑能掌握專題導向學習的歷程表現。

（二）師資生已經具備跨領域教學方案實作的能力

本研究設計三個階段的課程內容與教學活動，包含基礎知識的學習、同步視訊融入專題導向學習以及分享報告。具體而言，師資生透過實體課堂中的基礎知識引導、諮詢專家教師以及自主性地蒐集相關資料，經歷過情境問題探討與跨領域教學方案設計之歷程的理解、小組合作與調和，已了解跨領域教學方案需要多位不同學科領域的教師拋開學科本位，並提出「精熟」等級的跨領域教學方案。

跨領域教學方案是當前中、小學校訂課程的必要項目之一，但部分學校與教師對其設計與實踐可能還不夠充分，本研究參與者亦知覺跨領域教學方案在教育現場實施的可能問題。另外，本研究將同步視訊融入專題導向學習，最終師資生也能在跨領域教學方案實作上有良好的表現，如此，也確認本研究的教學方案在師培課程中實踐的可行性。

二、研究建議

（一）可運用同步視訊克服師資生因疫情影響入校學習和學習輔導的困境

　　本研究發現同步視訊融入專題導向學習在時空限制和疫情管制下，對師資生探究教育現場的真實情境資訊有一定程度的助益，且當前高速網路與視訊載具的功能使得師資生在對專家教師的線上諮詢上相當便利。因此，本研究建議各師資培育之大學可以嘗試將部分師資培育輔導教師機制轉化為線上輔導教師，且透過師資生與線上輔導教師的配對，提供師資生貼近真實學校情境的資訊，師資生也可以藉此和專家教師進行諮詢與討論。

（二）師培課程可提供師資生在真實情境發展跨領域方案與實踐的機會

　　學校情境多有不同，師資生在傳統師培課程之分科、分領域教學和實習模式所學習的教育知識不一定能夠運用在教育現場，師資生需具備以真實學校情境發展跨領域課程與教學方案的設計與實踐能力。本研究發現，藉由一門師培課程培養師資生專題導向學習能力已具有成效，未來師培課程也可考慮在專家教師的協同下，以線上或實體方式實踐所發展的跨領域教學方案，提供師資生實踐所發展的方案與省思調整的機會。

參考文獻

李建億（2006）。網際網路專題學習互動歷程之研究。**科學教育學刊，14**（1），101-120。

[Lee, C.-I. (2006). A study of intercommunication on the net project-based learning system. *Chinese Journal of Science Education, 14*(1), 101-120.]

徐新逸（2001）。如何利用網路幫助孩子成為研究高手——網路專題式學習與教學創新。**臺灣教育，607**，25-34。

[Shyu, H.-Y. (2001). How to use the Internet to help children become masters in research: Web-based project-based learning and teaching innovation. *Taiwan Education Review, 607*, 25-34.]

陳佩英（2018）。跨領域素養導向課程設計工作坊之構思與實踐。**課程研究，13**（2），21-42。

[Chen, P.-Y. (2018). Ideation and practice of interdisciplinary competence-based curriculum workshop. *Journal of Curriculum Studies, 13*(2), 21-42.]

陳毓凱、洪振方（2007）。兩種探究取向教學模式之分析與比較。**科學教育月刊，305**，4-19。

[Chen, Y.-K., & Hung, J.-F. (2007). The comparison and analysis of two inquiry-oriented teaching models. *Science Education Monthly, 305*, 4-19.]

張堯卿、梁慧雯（2018）。以行動者網絡理論檢視高中教師跨學科領域課程設計之研究。**科學教育學刊，26**（S），441-460。

[Chang, Y.-C., & Liang, H.-W. (2018). Study on high school teacher's interdisciplinary curriculum design based on actor-network theory. *Chinese Journal of Science Education, 26*(S), 441-460.]

詹雅婷、張基成（2001）。網路化專題導向學習於師資培育課程之應用。**視聽教育雙月刊，42**（6），26-39。

[Chan, Y.-T., & Chang, C.-C. (2001). Project-based learning on the web for the course of teacher preparation education. *Audio-Visual Education Bimonthly, 42*(6), 26-39.]

歐用生（2003）。**課程典範的再建構**。高雄市：麗文。

[Ou, Y.-S. (2003). *Reconstruction of curriculum models*. Kaohsiung, Taiwan: LiWen.]

Al-Samarraie, H. (2019). A scoping review of videoconferencing systems in higher education: Learning paradigms, opportunities, and challenges. *International Review of Research in Open & Distance Learning, 20*(3), 121-140.

Barber, W., & King, S. (2016). Teacher-student perspectives of invisible pedagogy: New directions in online problem-based learning environments. *Electronic Journal of E-Learning, 14*(4), 235-243.

Berlin, D., & White, A. (2012). A longitudinal look at attitudes and perceptions related to the integration of mathematics, science, and technology education. *School of Science and Mathematics, 112*(1), 20-30.

Blumenfeld, P., Soloway, E., Marx, R., Krajcik, J., Guzdial, M., & Palincsar, A. (1991). Motivating project-based learning: Sustaining the doing, supporting the learning. *Educational Psychologist, 26*(3/4), 369-398.

Borup, J., West, R. E., & Graham, C. R. (2012). Improving online social presence through asynchronous video. *The Internet and Higher Education, 15*(3), 195- 203.

Choi, S., & Richards, K. (2017). Interdisciplinary discourse. London, UK: Palgrave MacMillan.

Creswell, J. W. (2013). *Research design: Qualitative, quantitative, and mixed methods approaches (4th ed.)*. Thousand Oaks, CA: Sage.

Davis, J. R. (1995). *Interdisciplinary courses and team teaching: New arrangements for learning*. Phoenix, AZ: American Council on Education and the Oryx Press.

Drake, S. M., & Burns, R. (2004). *Meeting standards through integrated curriculum*. Alexandria, VA: Association for Supervision and Curriculum Development.

Fredricks, J. A., Blumenfeld, P. C., & Paris, A. H. (2004). School engagement: Potential of the concept, state of the evidence. *Review of Educational Research, 74*(1), 59-109.

Garrison, D. R. (2007). Online community of inquiry review: Social, cognitive, and teaching presence issues. *Journal of Asynchronous Learning Networks, 11*(1), 61-72.

Goldstein, O. (2016). A project-based learning approach to teaching physics for pre-service elementary school teacher education students. *Cogent Education, 3*(1), 1200833. doi:10.1080/2331186X.2016.1200833

Grossman, P., Pupik, D. G., Kavanagh, S., & Herrmann, Z. (2019). Preparing teachers for project-based teaching. *Phi Delta Kappan, 100*(7), 43-48.

Guskey, T. R. (1985). *Implementing mastery learning*. Belmont, CA: Wadsworth.

Hopper, S. (2014). Bringing the world to the classroom through videoconferencing and project-based learning. *TechTrends: Linking Research & Practice to Improve Learning, 58*(3), 78-89.

Howard, J. (2002). Technology-enhanced project-based learning in teacher education: Addressing the goals of transfer. *Journal of Technology and Teacher Education, 10*(3), 343-364.

Jacobs, H. H. (1989). *Interdisciplinary curriculum: Design and implementation.* Alexandria, VA: Association for Supervision and Curriculum Development.

Kear, K., Chetwynd, F., Williams, J., & Donelan, H. (2012). Web conferencing for synchronous online tutorials: Perspectives of tutors using a new medium. *Computers & Education, 58*(3), 953-963.

Krajcik, J. S., & Blumenfeld, P. (2006). Project-based learning. In R. K. Sawyer (Ed.), *The Cambridge handbook of the learning sciences* (pp. 317-334). New York, NY: Cambridge University Press.

Lattuca, L. R. (2001). *Creating interdisciplinary: Interdisciplinary research and teaching among college and university faculty.* Nashville, TN: Vanderbilt University Press.

Lave, J., & Wenger, E. (1991). *Situated learning: Legitimate peripheral participation.* Cambridge, UK: Cambridge University Press.

Lin, B., & Hsieh, C.-T. (2001). Web-based teaching and learner control: A research review. *Computers & Education, 37*(3), 377-386.

Matzembacher, D. E., Gonzales, R. L., & do Nascimento, L. F. M. (2019). From informing to practicing: Students' engagement through practice-based learning methodology and community services. *The International Journal of Management Education, 17*(2), 191-200.

Newman, D. L. (2008). Videoconferencing and the K-12 classroom: What is it? and why do it? In D. L. Newman, J. Falco, S. Silverman, & P. Barbanell (Eds.), *Videoconferencing technology in K-12 instruction: Best practices and trends* (pp. 1-18). Hershey, PA: Information Science Reference.

Newmann, F. M., Wehlage, G. G., & Lamborn, S. D. (1992). The significant and sources of student engagement. In F. M. Newmann (Ed.), *Student engagement and achievement in American secondary school* (pp. 11-39). New York, NY: Teachers College Press.

Ramsden, P. (2003). *Learning to teach in higher education (2nd ed.)*. New York, NY: Routledge.

Rees Lewis, D. G., Gerber, E. M., Carlson, S. E., & Easterday, M. W. (2019). Opportunities for educational innovations in authentic project-based learning: Understanding instructor perceived challenges to design for adoption. *Educational Technology Research & Development, 67*(4), 953-982.

Ronfeldt, M., Farmer, S., McQueen, K., & Grissom, J. (2015). Teacher collaboration in instructional teams and student achievement. *American Educational Research Journal, 52*(3), 475-514.

Salter, L., & Hearn, A. (1996). *Outside the lines: Issues in interdisciplinary research*. Montreal, Canada: McGill-Queen's University Press.

Solomon, G. (2003). Project-based learning: A primer. *Technology and Learning, 23*(6), 20-27.

Stentoft, D., Jensen, A. A., & Ravn, O. (2019). Introduction. In A. A. Jensen, D. Stentoft, & O. Ravn (Eds.), *Interdisciplinarity and problem-based learning in higher education: Research and perspectives from Aalborg University* (pp. 3-7). Berlin, Germany: Springer International.

Thomas, C., & Brown, B. (2017, May). *Strategies for successful group work*. In A. P. Preciado Babb & J. Lock (Eds.), *Proceedings of the IDEAS 2017: Leading Educational Change*. Calgary, Canada: Werklund School of Education, University of Calgary.

Thomas, J. W., Mergendoller, J. R., & Michaelson, A. (1999). *Project-based learning: A handbook for middle and high school teachers*. Novato, CA: The Buck Institute for Education.

Tsybulsky, D., & Muchnik-Rozanov, Y. (2019). The development of student- teachers' professional identity while team-teaching science classes using a project-based learning approach: A multi-level analysis. *Teaching and Teacher Education, 79*, 48-59.

Tsybulsky, D., Gatenio-Kalush, M., Abu Ganem, M., & Grobgeld, E. (2020). Experiences of preservice teachers exposed to project-based learning. *European Journal of Teacher Education, 43*(3), 368-383.

Wahid, M. A., Lee, W.-K., & Baharudin, F. (2020). Implementing project-based learning for sustainability management course at postgraduate level. *Asian Journal of University Education, 16*(2), 84-92.

Ward, D. R., & Tiessen, E. L. (1997). Adding educational value to the web: Active learning with AlivePages. *Educational Technology, 37*(5), 22-31.

Wenger, E., McDermott, R. A., & Snyder, W. (2002). *Cultivating communities of practice: A Guide to managing knowledge*. Boston, MA: Harvard Business Press.

附錄二

提升師資生批判思考能力的師培課程設計之研究

摘 要

　　社會愈趨複雜，批判思考是人們需要具備的能力之一，師資生是未來的教師，師資培育課程需要提供充分的訓練機會，以引領下一代學生有足夠能力理解社會。本研究以批判思考歷程爲基礎，以具有意識形態的議題爲教材內容，以結合課中知識理解與課後非同步討論的混成學習策略爲教學活動，再以批判思考能力測驗爲評量設計，整合設計一門提升批判思考能力之師培課程，再進行一個學期的教學，研究目的在於探討上述課程設計對於師資生的批判思考能力提升之情形，進而確認此課程設計的可行性。本研究根據既有的師培課程內容轉化與發展八個討論議題，並以準實驗研究法之不等組前後測設計進行探究，全程參與者包含實驗組 31 人和對照組 35 人，本研究針對實驗組八次的批判思考歷程內容進行等級分析，兩組再進行批判思考能力測驗之前後測對照比較。研究發現實驗組參與者在課中與課後內容的整合以及教育議題討論的參與下，其批判思考能力顯著提升。此課程設計具有合宜性，而建議師培教授在設計批判思考能力的課程時，議題內容選擇、混成學習策略以及符合認知思考歷程的教學活動流程是需要考慮的關鍵要素。

關鍵詞：批判思考、師培課程、師資培育

壹、緒論

一、研究動機

　　社會愈趨複雜，人們需要謹慎處理訊息，批判思考能力是身處在充滿複雜資訊社會所需要的重要能力。人們接受訊息後需要理解和詮釋，如果資訊有所偏頗，可能會有不適當的意義詮釋，並可能做出不適當的決定。批判思考的目的在於避免所接收的資訊未經檢驗即通過個人的思緒直接從他們的口中流出，這種思考能力對任何人在資訊的判斷上相當重要。特別是師資培育學生（以下簡稱師資生），是未來的老師，除了自己需要具備充分的批判思考能力外，也需要引領下一代學生具備理解與詮釋社會的批判思考能力，師資培育課程（以下簡稱師培課程），因此需要提供充分的相關訓練（許健將，2004）。然而，楊智穎（2016）探討師培課程時提及師資生的批判反省能力是師資培育中該教而不教的懸缺課程，張裕程（2016）也認為師培課程的批判思考教學不足，師資生進入職場後無法運用批判思維及觀念教導學生，而要培育出具有批判思考的師資，關鍵在於師培課程的規劃。如此，在師培課程中設計得以培養師資生具備批判思考能力顯得相當重要。

　　批判思考像似從不同觀點省思自己，再產出自己的觀點（Brookfield, 2012）。Mayfield（1997）認為批判思考是根據已證實的標準，有意識地觀察、理解、分析及評估。而溫明麗（2002）定義批判思考是一種辯證活動，包括質疑、反省、解放與重建的心靈運作歷程。由於當前師培課程較少以批判思考單獨設科，若要將批判思考歷程融入師培課程，在課程設計的要素上，在教材內容選擇、教學活動組織與實施以及學習評量上，就需要具有評估、辯證與重建的屬性。

　　在批判思考的教材內容選擇上，師資培育工作者可以檢視師培課程中能引發師資生積極投入分享與建構觀點的學習內容，促進批判思考的意向。教育領域中，有許多教育知能與其背後的哲學思維隱含許多意識，不同意識就有不同的立場，針對這些內容進行對話，就會有不同立場的揭露與選擇（Renfro, 1993）。師資生可以透過在不同觀點或議題上的對話，不斷澄清或重建自己的觀點，促進批判思考能力的提升。

　　在批判思考的教學活動上，不同觀點的主張可能可以促進評估與觀點重建，亦即同儕間不同觀點的討論活動似乎可以促進批判思考能力的提升，簡梅瑩（2010）便在師培課程中持續提供自我對話以及與他人對話的機會，深化師資生在多元文化議題上自我檢視及批判。然而，不同意識形態的主張，面對面的即時互動可能會因意見上的衝突而在揭露自己想法時有所顧忌；也由於批判思考是一種複雜認知歷程的展現，需要對議題深入了解且可能多花一些時間。因此，兼顧課中知識學習和課後非同步討論的混成學習（blended learning）似乎可以應用於提升批判思考能力的教學活動中。已有許多研究運用課中與課後學習活動之混成學習培養學生批判思考能力，也發現混成學習的設計有助於批判思考能力的提升（Korkmaz & Karakus, 2009; Snodgrass, 2011; Yang, Gamble, Hung, & Lin, 2014）。

　　而在批判思考的評量設計上，批判思考是複雜的認知歷程，需要透過評量工具呈現批判思考的成效。陳麗華、李涵鈺與林陳涌（2004）提出 11 種批判思考能力與 3 種批判思考態度上的測驗，也指出目的、適用對象、使用方法、優缺點及運用的最佳時機，並建議教育工作者應從不同向度來論證學生批判思考的能力與態度，以較廣的維度來檢視測量工具。Ennis（1993）曾提出批判思考測驗的多重目的，包含診斷學習者批判思考能力層次、提升批判思考層次、安置學習者參與批判思考課程……，Ennis 認為沒有一個測驗或評量可以適用所有的目的，建議教學者自己設計批判思考能力測驗。

　　歸納來說，要提升師資生批判思考能力，可以藉由隱含不同觀點或具有不同意識的教育議題，並搭配課堂中引導問題理解與課後線上非同步討論，再以提升批判思考能力之目的進行批判思考評量。更重要的是，若當前師培課程的授課教師能選取與設計可以達成上述要素的課程科目與內容，進行批判思考的學習活動，既不影響教育知識學習，亦可透過課後延伸學習的機會，提升師資生的批判思考能力。

二、研究目的

　　本研究以一門師培課程為研究情境，在教材內容選擇、教學活動和學習評量設計進行探討，並在教學實施與資料分析後，藉由師資生對教育議題的批判思考之成效，了解批判思考能力與課程設計要素的關聯。藉此，本研究目的在於探討本研究所設計的師培課程在師資生批判思考上的效應，進而確認此課程設計的可行性。而其具體的研究問題如下：

　　（一）師資生在批判思考教學活動中的批判思考表現為何？

　　（二）師資生在批判思考教學活動後的批判思考能力提升情形為何？

貳、文獻探討

　　本研究提出批判思考能力與其課程設計要素，因此，促進批判思考認知歷程以及課程設計要素之教材內容、教學活動與評量設計等內涵，需要進一步探討。

一、批判思考認知歷程

　　批判思考是一種心理能力，張春興（2013）認為這種心理上的能力被認為是個體在學習、思維及解決問題時，由其心理上的運作所表現在外在行為上的能力。簡單來說，要具有批判思考的心理能力就需要在心智上經歷某些思維歷程以及將思考結果表現在行為上。

　　在思維歷程的經歷上，Beyer（1995）認為批判思考即是一個理解、推理與判斷的歷程。Paul（1995）指出批判思考歷程是學習者在投入批判思考的活動中，針對外來資訊主動進行觀察、省思和推理，有技巧地概念化、分析、綜合和評估資訊。若再與他人針對某個議題進行對話或討論，學習者便可在理解後闡述他們的推理結果，進一步和其他人觀點進行比較，以及產出有邏輯性和更有證據的主張（Michaels, O'Connor, Hall, & Resnick, 2010），而會有如此結果是因為學習者透過不同觀點的認知衝突，刺激自己再思考、再建構或改變既有的觀點（Posner, Strike,

Hewson, & Gertzog, 1982），亦有從不同的觀點省思自己與產出自己觀點的意涵（Brookfield, 2012）。

　　簡單來說，批判思考涉及理解、推理與判斷的大腦運作歷程；而若與他人互動，則具有認知理解、認知衝突、認知調整等階段，亦即可以藉由訊息接收、理解、對話、比較和產出觀點的過程，促進個人批判思考能力的發展。

二、促進批判思考認知歷程的教材內容

　　Ennis（1987）指出批判思考為合理與反省式思考，著重在決定什麼是可信與可為的，並提出批判思考由兩個面向所組成：批判思考的意向與批判思考的能力。批判思考意向是指個體願意自我察覺、變通與校正，而批判思考能力是指周全地且從不同面向探討以及與他人討論自己的觀點。以批判思考的意向而言，強調批判思考的主動性，為了激發參與者主動參與，批判思考的議題可以考慮足以產生不同觀點或認知衝突的教育議題。Oulton, Dillon 與 Grace（2004）指出，有許多社會議題會因個人或團體的立場、信仰、文化或價值觀的不同，就容易引發了彼此利益上或意見上的衝突。Butera 與 Darnon（2010）認為個人對議題的想法和知覺影響同儕間的互動，原因是參與者知覺到同儕另類觀點與自己觀點不同時會產生社會認知衝突，而此認知衝突會讓他們進一步捍衛自己的想法或者是調整自己的想法，進而產出比先前更整合的觀點。因此，具有不同意識的議題內容可促進參與者從不同面向探討觀點，亦可以促進批判思考能力的發展。

　　Mogonea 與 Popescu（2015）探討社會認知衝突在討論活動中的作用時發現，社會認知衝突有助於學習者透過批判思考過程進一步理解議題並建立自己的觀點。先前許多研究採用問題本位學習（problem-based learning, PBL）模式促進批判思考能力（Ismail, Harun, Zakaria, & Salleh, 2018; Kumar & Refaei, 2017; Zhou, 2018），不過，PBL 是以事件問題為思考基礎並產出策略；然而，爭議性的議題具有「結構不佳、需要跨領域思考、不同團體可能會有不同的問題解決方法，做出選擇時也會涉及價值判斷」等屬性（Sadler, 2004），更可以產生認知衝突和促

進同儕對話。林樹聲（2005）認為若要將此類議題融入課程中，就需要具有「情境相依」和「做決定兩難」的特性。陳夏蓮、陳品玲、李美麗、李薇莉與李文昭（2006）探討大專學生批判思考能力的發展時發現，實際的案例或議題討論可以協助學生判斷在某個觀點的宣稱，並對其中所隱含前提或預設立場的真實性提出辯證，而林樹聲（2012）利用爭議性議題進行探究，發現爭議性議題可以促進學生的思考更縝密，思考能力也顯著進步。

來自於社會情境真實案例且具有多元觀點的議題，可能促進學習者的社會認知衝突，也因為此認知衝突，導致個人進一步捍衛和調整自己的觀點。因此，要發展提升批判思考能力的師培課程，可以選取或設計具有多元觀點或不同立場的議題，作為教材內容。

三、促進批判思考認知歷程的教學活動——混成學習活動

混成學習（blended learning）有許多定義，Hew 與 Cheung（2014）綜合文獻觀點將其分為兩類。第一類定義是指多種學習方法的混合，可能包含課前閱讀、分組合作、操作實驗和科技運用等；第二種則是強調線上課程和教室面對面互動的整合。在促進批判思考能力的課程中，結合課中學習和課後線上討論的形式可以提供參與者較多時間理解議題與充分對話的機會。因此，本研究的混成學習是指上述的第二類定義，強調將課堂所學的教育核心知識運用於非同步線上討論中，並藉由討論的歷程促進其批判思考能力。混成學習策略已經被許多大學的課程所使用，混成學習可提供彈性的學習機制，允許部分時間面對面上課，也允許部分時間進行線上學習（McCray, 2000; Strambi & Bouvet, 2003）。

然而，如果學習者對線上討論的議題缺乏背景知識，也可能對線上互動對話的歷程不夠精熟，就需要教師在課程知識上的講解以及對討論問題和認知思考歷程引導說明，再於線上非同步討論時進行充分思考與對話，這種課中與課後的活動呼應才能發揮「混成」的價值。林凱胤、楊子瑩與王國華（2009）曾以實體與虛擬多元互動的混成學習方式探討職前教師的知識轉移，研究發現職前教師不僅認為對其知識學習有助

益，也感受到專業知能的提升。也有其他文獻指出混成學習在師資培育的價值（Albhnsawy & Aliweh, 2016; Ekici, Kara, & Ekici, 2012），師資生在相互分享中獲得省思的機會，對其知識理解和思考能力的提升均具有學習成效。

　　不過，一些研究提出混成學習的問題，Charbonneau-Gowdy（2018）針對學生參與混成學習的困難進行探討，指出如果學生沒有投入參與，混成學習的目標無法達成。另外，Kurt 與 Yildirim（2018）分析結果時發現混成學習可以讓學生充分表達他們對議題的想法，但也發現學生的觀點不夠廣泛；Kurt 與 Yildirim 發現教學者在整個教學活動的組織安排和面對面的引導，是促進學生混成學習參與的重要關鍵。

　　從相關研究來看，結合課中學習內容與課後討論的混成學習可以促進師資生的知識理解和思考能力。具體上，教師在課中引導師資生對非同步討論的議題進行理解以及發展各自觀點，再引導討論流程促進對話與參與，這種混成學習之教學活動似乎有助於批判思考能力的提升。

四、批判思考能力的評量設計

　　陳麗華等人（2004）認為批判思考能力的開展受到生活情境等背景因素的影響，在這些因素交互影響之下，並沒有一種測驗能完全涵蓋所有批判思考的概念；教育工作者可以依據批判思考測驗的目的，設計自己的批判思考測驗（Ennis, 1993）。另外，由於本研究在於探討師資生對教育議題的批判思考能力之發展，若能從師資生在同儕對話前與後蒐集資料，便可判斷批判思考能力之提升情形。因此，同儕對話之語句內容是批判思考評量的重要資料。

　　在批判思考的內容評分上，Burkhalter（2016）指出可以運用評分標準表（bubric），亦即從學習者所寫出、說出或回應的語句中去分析，並對照批判思考的標準，進而獲得分數，再以前後分數比較了解批判思考能力的差異。Burkhalter 也指出可以再使用自我評量（self-assessment）方式，提供學習者批判思考的標準自我察覺，並以 Likert 式量表自我評定在某些批判思考標準上的等級。Barron（2020）則提出批判思考表現的四個等級的評分標準（如表3），從低到高分別為：基礎（Basic）、

發展（Developing）、熟練（Proficient）和高階（Advanced），以學習者所提出的文字或語句內容進行分析，每個等級均有其關注的焦點，從理解、引用、分析到提出另類觀點，分別對照上述的四個等級，若將對話前和對話後的內容分析後的等級相互比較，便可以檢視批判思考能力是否提升。以本研究目的而言，Barron 的批判思考表現之四個等級可以用來檢視本研究參與者在批判思考能力的表現，亦即分析參與者的批判思考歷程之表現紀錄，去判定參與者的批判思考已達基礎、發展、熟練和高階的哪一個等級。

　　在相關研究上，Zhou（2018）在培養大學生的批判思考能力之研究中，以自我評量問卷和訪談內容進行批判思考能力的分析，確認大學生批判思考能力的發展。另外，Shively, Stith 與 Rubenstein（2018）以評分標準表評量學生的批判思考能力，並指出評分標準表具有評量學生複雜認知過程的功能。這些研究顯示透過合宜的問題去訓練師資生的批判思考能力，再以評分標準表進行批判思考的評量，具有確認與提升師資生的批判思考能力之合宜性。

五、本研究尚待釐清的內容

　　上述提及批判思考歷程以及評量工具的相關作法，可以提供本研究所進行的課程之參考。然而，在教材內容選擇與教學活動的設計上，本研究提出可能更能促進批判思考能力的思維進行探討。

　　多數研究多以問題導向探討學生批判思考能力的改變情形（Ismail et al., 2018; Kumar & Refaei, 2017; Zhou, 2018），本研究以具有不同意識的議題作為培養批判思考能力的教材內容。由於學習者在問題導向學習中，需要了解與分析情境，專注在發展解決問題的策略，但合宜的策略來自於情境的分析，較少涉及個人意識；而議題雖然與真實情境案例有關，但個人發展觀點涉及學習者個人的意識。理論上，師資生可能對議題有不同的觀點，在對話上將比運用問題討論時產生更不一樣的看法，運用教育議題為教材以培養師資生的批判思考能力應具有可行性，但其批判思考能力之提升則需要進一步確認。

　　另外，從混成學習的相關研究來看，學習者願意參與對話是混成學

習的成效之關鍵因素。本研究以具有爭議性的議題為對話之教材內容，可以促進學習者產出不同的觀點與重建自己的觀點。先前提及，學習者可能會因為認知衝突而不願意面對面針鋒相對，以及是否有充分時間理解可能是問題，本研究的混成學習可能具有改善此問題的功能，但這仍需要進一步確認。

　　簡單來說，本研究之教材內容是具有爭議性的議題，教學活動是結合課中與課後討論的混成學習，評量是以對話前後語句分析以及自我評定方式進行，在進行教學實踐後，藉由師資生的批判思考能力表現情形，探討與確認此課程設計的可行性。

參、研究方法與設計

　　本研究為達研究目的，根據文獻探討的關鍵要點，本研究選取師培課程中的一門「課程發展與設計」進行教學實踐。此課程的教材內容涉及多元的課程發展理念，不同意識有其不同的觀點，此門課程內含豐富且可促進批判思考能力的教材內容要素。

　　本研究採用準實驗研究法之不等組前後測設計，選取一所師資培育之大學中修習「課程發展與設計」的兩個班級學生，一班為實驗組、一班為對照組。實驗組參與批判思考的線上非同步之混成教學活動，對照組則在實體教室以小組對話方式進行，除此之外，兩組的課程內容和討論議題均一樣，兩組亦都由研究者進行教學。其細節說明如下：

一、混成學習之非同步互動平臺的選擇

　　本研究之非同步互動平臺採用學校的線上學習平臺之議題討論版。議題討論版還有兩種功能，集體討論版和群組討論版。為避免太多學習者發言過度雜亂，此課程的非同步討論會使用群組討論版，隨機安排將學習者分成小組。

二、可發展議題教材的內容

　　「課程發展與設計」涉及課程發展與課程設計，課程發展探討課程內容的理念與來源，而課程設計則是課程內容產出的組織與實踐之作法，若再加上當前國家課綱與社會相關議課，本研究之課程包含三個階段類別的內容：（一）基礎知識（課程定義、意識形態、發展模式），提供學習者了解課程的定義、發展與設計的理念；（二）課程設計（目標、選擇、組織、實施、評鑑），完整地介紹課程設計的歷程，提供學習者未來在學校設計課程時的參考步驟與關鍵內容；（三）與社會相關的議題（十二年國教、學校本位、跨領域、改革議題），藉由當前國內外的課程改革的議題介紹，促進學習者了解課程發展中可能產生的議題與對策。這三者的關聯性是：當師資生具備基礎知識後，便可以學習課程設計的方法，再運用這些知識與能力，針對社會議題進行探討，建立一個教師在課程發展與設計的能力。

　　由於第一階段是基礎知識，僅用課堂中的問題引導學生思考或面對面提問。當師資生具備基礎知識後，開始接觸課程設計的應用知識和社會議題，便適合進行議題對話。因此，本研究的議題討論是在上述「（二）課程設計和（三）與社會相關的議題」的階段中進行。

三、教育議題的選擇與編擬

　　根據先前文獻的討論，批判思考能力需要學習者分析、綜合和評估資訊，而含有預設立場且具有情境特色的爭議性議題可以促進學生提出辯證性的觀點（林樹聲，2005、2012；陳夏蓮等人，2006）。因此，教育議題的選擇與設計應該兼顧可發展多元觀點以及情境案例的功能。

　　本研究根據上述原則選取課程內的關鍵內容，再採用黃嘉雄（2000）在課程轉化之文化取材的觀點，發展教育議題。例如：在第一次教育議題的選擇與設計上，原有教材內容是第二階段「課程設計」的「課程目標」，本研究即思考當前臺灣文化中，一般人對於學習課程內容的目標是升學考試，還是培養未來面對挑戰的生活能力？這具有不同的觀點或立場，適合作為批判思考對話的議題。另外，在「課程設計」的另一個單元「課程選擇」上，也思考當前臺灣文化中，一般家長對於

課程內容的意見，例如：部分家長可能會希望減少活動課程，多增加一些可以促進考試成績的內容，如此思維可能讓教師在素養導向的課程內容選擇上有些壓力，這也具有不同的立場，適合作為對話的議題。

　　為了確認議題具有會在真實情境發生的屬性，以及具有激發學習者多元思考以及發展多元觀點的功能，本研究編擬每週的討論議題後，邀請 3 位均是教育相關領域博士且具有在課堂中帶領師資生討論社會議題之經驗的專家學者（同事），以「真實情境、多元思考、發展觀點」為準則，共同檢核議題內容、修改或調整部分字句，以建立教育議題的效度，提供足以發展批判思考能力的題目。3 位同事確認教育議題可提出不同的立場與符合真實情境發生事件的原則，最終僅共同調整議題的語句，例如：在「十二年國教」的議題上，同事為了讓議題討論呈現多元觀點，建議可以在內文中呈現對照性的內容，因此將「核心素養是讓學生適應現在與面對未來挑戰所需要的知識、能力與態度，有部分家長對核心素養產生質疑」的句子調整為「核心素養是讓學生適應現在與面對未來挑戰所需要的知識、能力與態度，有些家長認為：這樣的核心素養，符合現代學生所欠缺及需要加強的；不過，也有部分家長對核心素養產生質疑」，呈現對照觀點。

四、教學綱要

　　根據 Allen 與 Seaman（2010）的說法，混成學習課程中，需要有 30% 以上的內容使用線上活動，本研究有九週的時間外加課後線上非同步討論的活動（其中一週為混成學習訓練活動，不列入資料蒐集），以學習者投入的時間而言，網路互動的比例超過 30%。不過，這些比例僅是初步的參考，Graham（2013）認為課程的實務運作得以發揮學習效果才應該被關注的。根據文獻探討，教師在批判思考歷程的引導是學生學習參與的關鍵因素，換句話說，要培養師資生批判思考能力之前，也就必要先讓其了解批判思考的歷程與其作用的意義，也需要讓學習者充分理解討論議題。

　　因此，十八週的課程大綱之前五週均是課堂講述與提問活動，目的除了提供師資生「課程發展與設計」的基礎知識外，也對於之後發展

的討論議題具備先備知識。第六週是線上討論活動的訓練，師資生在課堂中藉由筆電或可攜式設備進行操作與練習，第七週則是練習對話與程序，第八週起至第十五週共八週，配合「課程發展與設計」的教材單元內容，每週進行一個單元教學，並發布對照該單元內容的議題，師資生需於課後上網進行非同步互動，因為每個議題與該週的教材單元內容具有相關性，研究者也在課堂上下課前確認學生對討論議題的理解情形。第十六週至第十八週是回饋、檢討與分享的時間。整體教學綱要如表1。

表1　本研究教學內容與討論議題之對照摘要表

	第一階段	第二階段		第三階段
週次	第一週至第五週	第六週至第十週	第十一週至第十五週	第十六週至第十八週
教學單元內容	基礎知識（課程定義、意識形態、發展模式）	課程設計（目標、選擇、組織、實施、評鑑）	與社會相關的議題（國教課綱、學校本位、跨領域、改革議題）	回饋、檢討與分享
教學活動	實體教室教學	實體教室教學＋線上討論	實體教室教學＋線上討論	實體教室教學
討論議題	無	目標、選擇、組織、實施、評鑑（第六週「目標」議題作為訓練用，不列入分析）	十二年國教、學校本位、跨領域、改革議題	無

另外，從整學期十八週的課程內容安排而言，線上互動的週次達到八次，本課程不僅符合混成學習30%線上互動的原則，也具有課中學習的知識引導與課後討論議題的特色。

五、批判思考能力之教學活動

　　先前提及，本研究之兩組學生均由研究者進行教學，研究者除了開設此「課程發展與設計」科目超過十年外，也曾在國際期刊上發表過混成學習和批判思考能力的學術論文，對本研究的教學活動與資料蒐集已有經驗。另外，本研究文獻提及，批判思考涉及認知理解、認知衝突和認知調整之歷程，在外在互動上，具有訊息接收、理解、對話和產出觀點的階段，本研究參考 Burkhalter（2016）提及的教室內之批判思考的教學活動流程（p. 18），除了小組成員安排外，其提出：建立自己的觀點（back up their opinions）、維護自己的論述（defend their reasoning）、評估他人（evaluate others）和重新評估自己的觀點（reevaluate their own）等四個階段。本研究之批判思考之活動階段先整合其「建立自己的觀點」和「維護自己的論述」階段，以讓學習者根據某些證據建立「最初」觀點階段，亦即是「訊息接收」與「理解」的階段；再於「評估他人」和「重新評估自己的觀點」階段中間增加「回應」階段，目的在於促進學習者的思考，這即屬於「對話」的階段；之後，學習者再產出比較對話後的觀點，即是「產出觀點」階段。歸納來說，本研究的批判思考之教學活動流程：（一）最初：閱讀題目資訊與產出自己最初的觀點；（二）評估：瀏覽與評估他人的觀點；（三）回應：回應他人對自己的觀點；（四）最終：再提出自己最終的觀點。

　　本研究再把批判思考的線上討論活動具體化。將上一段活動階段再轉化為線上討論的步驟，亦即「最初」、「評估」、「回應」、「最終」等四個階段，如表 2，研究者並提供表 2 給學習者，並且進行訓練，使其了解討論的步驟。每次議題討論為一週時間，下一週上課即為新的議題討論。

表 2　本研究中批判思考之線上互動流程與步驟一覽表

批判思考認知歷程之流程	非同步線上討論的步驟
1. 閱讀資訊與產出自己的觀點	寫「最初」記號，再寫出自己的觀點。
2. 瀏覽與評估他人的觀點	寫「評估」記號，再對他人的觀點提出自己的意見。

表2　本研究中批判思考之線上互動流程與步驟一覽表（續）

批判思考認知歷程之流程	非同步線上討論的步驟
3.回應他人對自己的觀點	寫「回應某人」記號，針對他人提出的疑問給予回應。
4.再提出自己最終的觀點	寫「最終」記號，再對自己觀點提出補充修正或維持原有觀點。

六、教學對象與其先備知識

　　本研究實驗組選課人數 33 人，簽署同意書且全程參與者 31 人（社會人文相關學系有 20 人，理工相關學系有 11 人），為避免線上討論時人數過多，導致發言內容對應鬆散，本研究將實驗組以五至六人為一組，共分為六組。對照組選課人數 43 人，前後測均填寫者為 35 人（社會人文相關學系有 23 人，理工相關學系有 12 人）。

　　在先備知識上，本研究之「課程發展與設計」屬於選修課程，內容提及課綱、教科書和學校本位課程的意識形態、設計模式、選擇、實施、評鑑與當前社會議題的內容，因此，選修這門課的師資生被要求先去選修教育基礎課程。再者，選修師資生大都為大三以上的學生，亦多為教育學程第二年學生。另外，本研究設計課中學習的內容是理解議題的基礎，以此推論，師資生在對話之前可以具備教育議題相關的先備知識。再綜合兩組的學系背景之人數一起思考，可推論兩組的背景條件相當。

七、研究工具與分析

　　先前文獻探討提及，可以運用評分標準表對照學習者對話前後的語句分析，可以比較批判思考表現之差異，也可以發展自我評量，學習者自我察覺批判思考的等級（Barron, 2020; Burkhalter, 2016）。本研究藉此發展兩份研究工具，包含對話內容與評分標準以及批判思考能力的應用測驗，並進行效度與信度處理，以蒐集參與學生的批判思考之表現，

分別說明如下：

（一）批判思考之對話內容與評分標準表

根據 Stevens 與 Levi（2005）的觀點，評分標準表可以針對學習者的表現細節，從各種不同表現給予等級分數，他們也提到批判思考表現可以採用評分標準表進行評量。本研究蒐集每一位師資生在每個議題回應的「最初」和「最終」之語句，再進一步以評分標準表進行分析與評分。換句話說，從第八週至第十五週共有八次的「最初」和「最終」分數，前後比較差異以解釋師資生批判思考表現的改變情形。本研究再根據先前文獻探討中 Barron（2020）提出的批判思考表現的四個等級設計批判思考能力之評分標準表，如表 3。

表 3　批判思考能力表現之評分標準表

等級	描述
基礎（1分）	對議題僅理解題意，使用的例子或證據不足，很少或沒有適當的引用或來源。
發展（2分）	對議題已經理解，能引用一些示例和證據，但還需要表現分析的能力。
熟練（3分）	使用大量的示例和證據，或參考一些外部資源，也可以藉由情境分析提出合理的推論。
高階（4分）	綜合許多資源當證據去評估議題上的觀點，能清楚表達議題的意義，並具有能力應用質與量的證據去形成另類的觀點。

在評分的信度處理上，本研究邀請先前提及的 3 位同事依照文獻定義檢視表 3 內容，註記關鍵重點後，再聘請 3 位曾接受批判思考能力訓練的中文系研究生，以表 3 的標準以及第八週的訓練內容進行評分練習，針對略有差異之處進行討論，確認對評分標準表的理解與評分共識；之後，3 位評分者分別針對師資生在「最初」與「最終」的文字內容進行評分，並進行評分者信度之考驗。本研究在分析評分後發現有三

題具有過大的評分差異，研究者和 3 位評分者分別說明對評分標準和語句內容的看法，最後再請 3 位評分者重新評分，最終達到評分一致性。實驗組共有 31 位學生全程參與，每位學生共有八次、每次均有「最初」與「最終」的內容，亦即共有 496 份語句進行分析。本研究計算評分者信度，評分一致性的 Kendall 和諧係數（Kendall's W）如表 4。

表4　師資生線上討論內容之各題評分者信度摘要表

題目		1	2	3	4	5	6	7	8
「最初」的評分	Kendall's W	.887	.703	.770	.806	.836	.888	.893	.894
	卡方值 (p)	78.81[*]	63.31[*]	69.30[*]	72.51[*]	75.28[*]	79.94[*]	80.34[*]	80.47[*]
「最終」的評分	Kendall's W	.791	.721	.797	.739	.894	.897	.892	.906
	卡方值 (p)	71.20[*]	64.91[*]	71.42[*]	66.55[*]	80.49[*]	80.71[*]	80.32[*]	81.54[*]

[*] 表示 $p<.05$

　　表 4 顯示所有題目的 Kendall's W 係數值均高於 .7，且卡方值均達 .05 顯著水準，由此得知 3 位評分者在每個題目上的評分具有一致性，亦即具有評分者信度，可以進一步進行各題目分數的比較。

（二）批判思考能力的應用測驗

　　本研究再以表 3 的等級編擬批判思考能力應用測驗，共十題測驗題，以前後測檢驗實驗組和對照組之師資生在批判思考上的學習成效。本研究編擬題目之前，先與師資生討論他們的日常生活點滴，再藉此取材發展題目，分別是生活經驗（第 1 題和第 7 題）、圖書雜誌（第 2 題和第 9 題）、社交媒體（第 3 題和第 8 題）、新聞報導（第 4 題和第 5 題）、電視戲劇（第 6 題和第 10 題）。編擬之後，邀請先前提及的 3 位同事檢核應用測驗和其四個選項與表 3 的四個等級之符合情形，以建立題目的效度，修改調整後成為正式的應用測驗題目。每個題目的選項均具有基礎、熟練、發展和高階等四個等級的選項，但選項不依照等級

編排。如附錄，再舉一個題目說明之。

題目：新聞報導某高中學生會發起「男裙週」的活動，議員質疑此行為的正當性，認為校方應顧慮家長的觀點與心情，否則很多家長會不希望孩子就讀該校。看完報導後，你的想法跟下列哪一個人的想法最接近？

(A) 甲：我認為「男裙週」的真正用意是在尊重不同性別氣質，這是教育的一部分。

　　　（註：4分高階，評估，產出另類論述）

(B) 乙：這新聞應該是家長認為學校「男裙週」活動不妥，找議員去質詢教育當局。

　　　（註：1分基礎，理解，但沒有引用）

(C) 丙：從議員的角度來看，社會傳統心態還是男女有別，所以才會發生這種事。

　　　（註：3分熟練，分析與推論）

(D) 丁：蘇格蘭也有男裙，中國古代也會著長袍，不知這個活動有什麼不對？

　　　（註：2分發展，引用，但未分析）

　　上述題目的答案 (A)，符合表 3 批判思考能力表現之評分標準表「高階」程度，此答案具有「產出另類觀點（跳脫原有文章的觀點）」的意涵；答案 (C) 則是達到「熟練」，亦即「在情境分析中提出合理的推論」；若選擇 (D)，則是「引用一些資料，但缺乏證據的論述」，屬於「發展」層級；而若選擇 (B)，則傾向對「教育議題表面」的理解，屬於「基礎」層級。

　　批判思考能力的應用測驗題目編擬修正後，在第六週參與非同步討論前進行前測，而在第十六週進行後測。後測時，本研究將題目序號和選項編號重新編排，資料分析時再調整成原來的形式。批判思考能力測驗沒有標準答案，是以批判思考能力表現之程度分列為1、2、3、4分，亦即選項是一種次序變項，本研究將實驗組前後測分數進行項目

分析作為該題的鑑別度之依據，前測分數的各題之 t 值介於 2.25 至 4.04 之間（$p < .05$），後測分數的各題之 t 值介於 2.24 至 4.24 之間（$p < .05$），亦即每個測驗題目均具有批判思考的鑑別力。本研究再計算每個題項與總分之相關，前後測每題項之相關係數均大於 .4（$p < .05$），而計算其內部一致性信度，前測之信度係數為 .735，後測之信度係數為 .706。由此得知，本研究之批判思考能力應用測驗具有合宜的效度與信度。

肆、研究結果與討論

　　本研究以「批判思考之評分標準表」評分實驗組師資生在「最初」與「最終」的語句，確認其批判思考能力的等級變化，再以「批判思考能力的應用測驗」分析實驗組與對照組之前後測的差異；綜合兩者，本研究確認批判思考教學活動的成效，再討論與確認本研究課程設計的合宜性。

一、批判思考表現的分析結果

　　本研究先針對實驗組參與者在非同步互動語句內容進行資料蒐集，如圖 1 之實例，最上面是教育議題，由研究助理協助發出，每個人以回覆問題的方式提出「最初」的觀點。小組成員再以回覆原發言者的方式提出「評估」，原發言者需要「回應」，最後再補充「最終」的觀點。實驗組中每位師資生的發言中除了「最初」與「最終」的語句外，根據統計，每一個「最初」的發言會有二至三人提出「評估」，原發言者也在他人「評估」後均提出「回應」。

　　共有 496 份（31 人、八次、每次包含前後內容）資料被蒐集與分析，再以次序變項（基礎、發展、熟練、高階）進行評分，再計算各題在「最初」、「最終」階段的平均分數（中間的互動內容僅檢視是否離題，若離題，該筆資料不蒐集，檢視後所有資料均無離題），本研究將各題的最初與最終分數並列比較，並繪製成統計圖表，如圖 2。

ⓘ 第四題：跨領域課程

S___25 (___)　2019-11-12 10:18　　　👍0 ☑ 📝 🗑 ↗

面對未來複雜社會生活，問題情境不會以單一學科領域知識出現，學生需要具備跨領域學習的能力。然而，當前學校教育型態大多數為分科分領域教學，教師掌握基本領域學科內容，讓學生熟悉與具備該領域的知能。再者，當前的師資培育都是分領域培育的，跨領域課程設計與教學活動真的好嗎？你的觀點為何？

M___22 (___)　2019-11-13 10:28　　　👍0 ☑ 📝 🗑 #1樓

[最初]

這裡要分為兩個部分。

分科分領域，我是就讀高職上來的，以學校之前體制來說是升學為主，像我是就讀電子科，學校當然以電子科的領域著重發展，因為要跨考電機科非常的困難，除了要學没有接觸的電工機械，就好比電機科要跨考電子科依據要學會數位邏輯，非常的耗時而且還有實習等，學校為了升學，所以職業學校當然會覺得分科領域會比較好。

跨領域課程設計與教學活動，除了有效能增加學生的增廣見聞外，對於職業探索非常有效，但是學校的課程是固定的想要增加一些課程活動就需要老師的配合，而且非常的耗時。

以我個人的觀點假如自己的課業有保持好的話，休閒的時間可以著重修一些額外的跨領域課程，這樣也有效增加自己的知識，就好比如我一位老師所說：「成為一個不能被取代的人」那就需要增加額外的知識，但是學校老師也需要配合，可以利用彈性時間或者社團活動開一些跨領域學程讓學生選修。

▼ 8 則留言

　　S___35(___)　2019-11-17 11:11　　📝 🗑
　　[評估]所以你覺得若以偏重升學為主，則較可能採取分科方式，若要增廣見聞等就可能以跨領域教學？

　　S___25(___)　2019-11-17 14:12　　📝 🗑
　　[評估]認同分科教學對於升學取向的學校課程較有利，實務教學則使用跨領域課程的方式進行則可增加學生對整體學科和職業關聯的了解，雖然耗時但也有其必要性。

　　S___20(___)　2019-11-18 07:53　　📝 🗑
　　[評估]我認同跨領域的課程設計，能增加學生多方面的探索，找到自己的興趣，然而雖然現在升學的考科是分科分領域，但近期題目則變得更活潑和與時事生活結合了。看似社會考題竟然在考數學等等......

　　M___22(___)　2019-11-18 18:50　　📝 🗑
　　[回應]沒有喔，那是要看學校的制度，我的意思是跨領域固然好但也要自己的主科顧好。

　　M___22(___)　2019-11-18 18:52　　📝 🗑
　　[回應]我個人覺得高中比較容易跨領域，高職的話就要再努力。

　　S___12(___)　2019-11-18 18:55　　📝 🗑
　　[評估]高職的教學的確偏向分科分領域教學，也對於升學有實質幫助，且升學都是就讀相關的科系，在實行跨領域課程可能較有阻礙，但仍須具備這樣的課程來增廣學生的見聞，而非只學習本科的知識。想問若是課業沒辦法顧好就不能學習其他的科目嗎？這樣會不會受限了學生的學習？

　　M___22(___)　2019-11-18 18:55　　📝 🗑
　　[回應]這也是為了讓學校意識到跨領域的重要，學校也要分出一些時間努力讓學生懂得變通。

　　M___22(___)　2019-11-18 22:06　　📝 🗑
　　[最終]目前學校大多還是分科為主，想要實現跨領域教學還是需要學校的配合，設計出本科與非本科的教學設計，能應用在生活上。

圖1　參與者在線上的非同步討論之其一畫面截圖

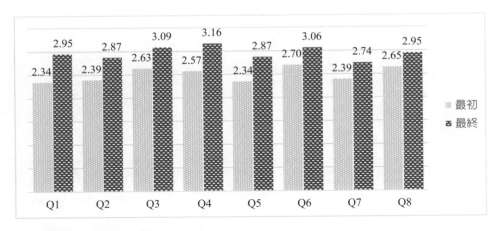

圖2　實驗組參與者在批判思考的「最初」與「最終」內容的分數對照表

　　再舉第一個對話題目內的某 2 位參與者之內容為例，如表 5。表 5 中的參與者 1 是由「發展」到「熟練」，而參與者 2 是由「熟練」到「高階」等級。其中內容畫底線的字句與括號內的內容，是評分者綜合檢視過所提出來的評分註記。

表5　實驗組參與者在議題討論中的內容分析之舉例摘要表

題目	臺灣近三十年來，進行了兩次的課程改革，從知識標準轉變為能力指標，當前再轉變為核心素養，但是，多年來許多教師認為學校仍有升學成績的壓力，即使在學校課程中可以設計以解決生活問題為主的活動，但部分教師最終還是認為仍是以考試分數決定入學的結果。課程以能力指標和核心素養為目標不好嗎？不過，學生成績分數不重要嗎？你的觀點呢？
參與者1	最初：<u>以往學生會覺得困惑：認為學了那麼多又這麼難數學要幹嘛，以後又用不到（引用示例）</u>；我們生活在臺灣為什麼需要學中國歷史和地理；不知道什麼時候會用到國文課學的古文等。<u>從教授的教材裡可以發現（引用示例），核心素養導向希望培養學生成為會思考、分析問題的人，並學會應用的能力，而非知識與生活是脫節的</u>……我認為核心素養的理念很好，是知識、技能與應用……。

表5 實驗組參與者在議題討論中的內容分析之舉例摘要表（續）

參與者 1	最終：看完了別人的觀點的確讓我思考到了我沒注意到的地方，像是「家長的態度」……家長若能了解新課綱的用意，對於教育改革是有助益的。然而，以成績為導向的升學仍舊存在，<u>培養學生多元技能的發展可能也因為注重特殊表現的成績而又讓孩子去上補習班，造成學生更大的壓力</u>。故新課綱的推行勢必會出現<u>一些弊病（分析與推論）</u>，因此考試題目的設計以及選才標準上是需要注意的。
參與者 2	最初：我在期初到某間學校做實地學習，確實發現有老師對新課綱是抗拒的……我了解了一下，這間學校的現職老師認為要迎合考試進度，課程很難做調整……家長很注重學生的升學，因此如果真的實施多元課程可能會因為家長對課程的誤解而遭到反彈……<u>多元課程的實行不單單只是老師要理解，學生跟家長也需要有相當的認知（分析與推論）</u>……
	最終：看完了大家的意見，我的想法不變但多了一些可以嘗試用來改善的方法……有一種可能是老師因為沒有嘗試過這類課程而不敢嘗試，不敢嘗試的原因又回到我剛剛提到的家長及課程進度的壓力……<u>由願意嘗試的老師在實踐課程後，分享自身經驗給沒有經驗的老師，互相討論在實踐上遇到的困難及優點（提出另類看法）</u>……這才是教授課堂中所提到的教師專業自主。

　　由圖2可以得知，參與者在每一個教育議題之批判思考的「最終」內容表現上，均高於「最初」內容表現。值得注意的是，在「最初」內容表現，每題平均介於2-3分之間，總平均分數為2.50分，亦即參與者對於教育議題的批判思考在最初階段是介於「發展」與「熟練」之間，然而，實驗組經過小組對教育議題的發表、評估與回應等歷程，除了每一題「最終」平均分數均有提升，以及總平均分數為2.96分外，在第三題、第四題以及第六題，平均分數已超過3分，亦即超過「熟練」程度，介於「熟練」與「高階」之間。再從表5的實例說明，部分參與者是從「2發展到3熟練」等級，部分參與者是從「3熟練到4高階」等級。

二、批判思考能力測驗分析結果

　　其次，本研究分析實驗組與對照組在批判思考能力測驗分數上的前後差異，在兩組平均分數上，實驗組前後測依序為 3.43 和 3.61，對照組前後測依序為 3.52 和 3.56；其次，確認組內迴歸係數同質性，F 值 .255，p 值為 .615（> .05），此結果符合共變數分析的前提假設；再以前測分數為共變數，分析兩組的後測分數差異，分析結果顯示 F 值為 4.143，p 值為 .045（< .05），adjusted R = .395，亦即顯示兩組後測分數具有差異，本研究之教學活動對實驗組學生有正向顯著效果。本研究再以相依樣本 t 檢定分析實驗組學生在前後測分數上的差異，分析結果顯示 t 值為 -3.243，p 值為 .002，已達到 .05 的顯著水準，亦即表示實驗組學生在經過本研究的課程設計與教學活動後，批判思考能力之分數上有顯著提升。

　　綜合上述兩種評量工具的分析結果，可以發現本研究之課程設計有助於提升師資生的批判思考能力。

三、綜合討論

　　本研究發現實驗組參與者在教育議題的批判思考能力表現上有正向改變，其批判思考能力從「發展」與「熟練」等級之間，趨向於「熟練」與「高階」等級之間，而在批判思考測驗分數上，也有顯著提升，也明顯地比對照組好。

　　「發展」等級的關鍵重點在於理解討論議題且能引用一些示例證據，「熟練」則能進一步分析且提出合理的推論，而「高階」則是以證據評估並且提出另類看法。從實驗組參與者的批判思考能力提升而言，亦即他們多數從僅引用示例證據，發展為情境分析與合理推論，部分參與者則發展到「高階」的層次。亦可從表 5 察覺參與者從「引用示例」到「分析推論」，以及從「分析推論」到「提出另類看法」，再從參與者的「最終」欄位中提及「看完了別人的觀點的確讓我思考到了我沒注意到的地方」和「看完了大家的意見，我的想法不變但多了一些可以嘗試用來改善的方法」，並從每位發言均有兩到三位小組成員給「評估」和之後的「回應」等資料相互檢證，顯示本研究參與者在互動中，

藉由別人的觀點刺激自己的思考，進而在最終階段調整或擴大自己的觀點，亦即師資生在參與批判思考教學活動前後，其批判思考歷程如同Michaels 等人（2010）提及認知歷程的變化，產出有邏輯性和更有證據的主張。

　　在批判思考的教材內容上，如先前所述，一些研究採用 PBL 方式促進批判思考能力（Ismail et al., 2018; Kumar & Refaei, 2017; Zhou, 2018），而本研究是以「具有不同意識的議題」為批判思考訓練的素材，進一步確認教育議題可以作為其師資生的批判思考能力訓練的資源，如同林樹聲（2005）所言，議題需要有「情境相依」和「做決定兩難」的特性。本研究發現不同的立場確實有不同的觀點，也確認 Oulton 等人（2004）和林樹聲（2012）所提及較難產生共識的議題可以促進學習者的思考，亦即確認具有不同觀點的議題可以作為促進師資生批判思考能力的教材內容。

　　在混成學習的教學活動上，本研究以認知衝突刺激批判思考為基礎（Posner et al., 1982），再參考 Burkhalter（2016）提及教室內之批判思考的教學活動流程發展包含「最初、評估、回應和最終」四個階段的活動，而本研究實驗組共有 31 位師資生全程參與，其發言除了「最初」與「最終」的語句外，其互動內容均有兩至三位小組成員與其對話之記錄。在參與者「最終」的「語句」中經常出現「看完了別人的觀點的確讓我思考……」和「看完了大家的意見，我的想法不變但多了……」等句段（如表5）。上述這些發現如同 Brookfield（2012）的觀點，學習者從不同的觀點省思自己與產出自己的觀點，也就因此補充支持自己的論述。上述的發現需要每位參與者理解議題與充分時間對他人的訊息進行瀏覽，本研究混成學習是結合課中的知識學習和課後的議題討論，課後的線上非同步互動提供師資生瀏覽他人觀點與自己思考的時間，進而在產生「最終」觀點時，能更統整他人的想法。如此發現確認了本研究之混成學習設計，在促進批判思考能力上的作用。

　　在評量設計上，本研究以師資生的日常生活進行議題內容取材，參照 Burkhalter（2016）和 Barron（2020）提出批判思考語句分析的評分標準表與其等級，確認此評分標準表可以檢視參與者批判思考表現與其

發展，如同 Shively 等人（2018）所言，評分標準表具有評量學生複雜認知過程的功能；而批判思考能力測驗可自我評定與前後分析，也確認Zhou（2018）提出的自我評量問卷可以用來分析批判思考能力前後差異之觀點。因此，本研究評量內容的日常生活取材以及評量方式均具有評定批判思考能力的特性。

　　師培課程需要提供批判思考能力的訓練，在教材內容的選取、教學活動和評量的設計，可以配合批判思考認知歷程進行設計。本研究以一門師培課程結合上述理念進行實踐與探究，研究結果也確認上述課程設計可以提升師資生的批判思考能力。

伍、研究結論與建議

一、結論

　　本研究師資生在課堂中學習基礎知識後，在線上非同步討論中針對教育議題提出自己的觀點，並進行評估與回應，再經由學習表現之分析，確認本研究設計的師培課程以及「最初（建立）、評估、回應、最終（調整）」的活動安排，具有提升師資生批判思考能力的課程設計之合宜性。在課程設計要素上，本研究以批判思考認知歷程為基礎，在教材內容取材上以具有不同意識的議題為主、在教學活動上則以結合課中知識學習和課後非同步討論的混成學習為策略、在評量設計與評分上則以批判思考的等級為參照，確認如此作法可以提升師資生的批判思考能力。

　　在研究貢獻上，如同先前所提師資生需要具備批判思考能力，以避免對教育現象做出錯誤的判斷，本研究顯示參與的師資生之批判思考能力顯著提升。而本研究將批判思考意向與批判思考能力融入既有的師培課程中，研究結果具有顯著效益，亦即本研究的教材取材方式、教學活動組織以及評量工具具有合宜性，對當前師培課程培養師資生批判思考能力具有啟發作用。

二、建議

　　在教育實務上，部分師資生或甚至是大學生對教育或社會事件經常容易太快做出判斷，在大學的課程與教學設計中，可以選擇足以發展需要高層次思考的議題，並以本研究提及的批判思考認知歷程，逐步引導大學生進行觀點建立、評估他人、回應他人和調整自己觀點等活動；此外，對議題的思考需要較多時間，教師不宜在課堂中快速結束討論，必要時，可以延伸到課後進行非同步討論。

　　在後續研究上，本研究蒐集師資生在非同步討論的內容，並以具有學理基礎的評分標準表進行評分，也發展批判思考能力測驗，相互檢證以確認師資生的批判思考之能力表現。但是本研究在過程中發現，師資生的批判思考幾乎很少在本研究表 3 的「基礎」等級，換句話說，師資生已經具備基礎等級以上的批判思考能力，但對照日常生活對話，偶而會有毫無根據的發言，這可能是參與本研究需要針對題目思考後發言，而日常對話的思考時間較不足或者是個人其他特質等因素的不同，值得後續進行批判思考相關研究時參考。

參考文獻

林凱胤、楊子瑩、王國華（2009）。融入混成學習與知識移轉策略實習輔導模式之成效評估。**科學教育學刊**，**17**（4），239-318。

[Lin, K. Y., Yang, T. Y., & Wang, K. H. (2009). Applying blended learning and knowledge management strategies to construct guidance model for student teacher professional growth. *Chinese Journal of Science Education. 17*(4), 293-318.]

林樹聲（2005）。通識教育中科學課程之環境議題單元設計與教學建議——以全球暖化議題為例。**南華通識教育研究**，**2**（2），27-42。

[Lin, S. S. (2005). The unit design of the environmental issue in science curriculum in general education: Take the issue of global warming for example. *Nanhua General Education Research, 2*(2), 27-42.]

林樹聲（2012）。在科學課堂中應用爭議性議題教學促進國小六年級學生道德思考。**科學教育學刊**，**20**（5），435-459。

[Lin, S. S. (2012). Fostering the sixth grade students' moral thinking through the instruction of controversial issues in science classroom. *Chinese Journal of Science Education, 20*(5), 435-459.]

張春興（2013）。**教育心理學——三化取向的理論與實踐（重修二版）**。臺北市：東華書局股份有限公司。

[Chang, C. H. (2013). *Educational psychology: Triplized-orientation in theory and practice (2nd Ed)*. Taipei, Taiwan: Tung Hua Book.]

張裕程（2016）。台灣師資培育政策20年之回顧與展望（1996-2016）。**學校行政**，**104**，39-57。

[Chang, Y. C. (2016). Prospects for teacher education reform in Taiwan (1996-2016). *School Administrators, 104*, 39-57.]

許健將（2004）。批判省思能力的培養：教師專業發展的重要課題。**教育科學期刊**，**4**（2），1-18。

[Sheu, J. J. (2004). The cultivation of critical thinking: An important issue in teachers' professional development. *The Journal of Educational Science, 4*(2), 1-18.]

陳夏蓮、陳品玲、李美麗、李薇莉、李文昭（2006）。護生批判思考能力和學習策略關係之探討。**實證護理**，**2**（1），43-52。

[Chen, S. L., Chen, P. L., Lee, M. L., Lee, W. L., & Lee, W. C. (2006). An exploration of the relationships between critical thinking abilities and learning strategies among nursing students. *Journal of Evidence-Based Nursing, 2*(1), 43-52.]

陳麗華、李涵鈺、林陳涌（2004）。國內批判思考測驗工具及其應用之分析。**課程與教學季刊，7**（2），1-24。

[Chen, L. H., Li, H. Y., & Lin, C. Y. (2004). An analysis on the instruments and research for assessing critical thinking. *Curriculum & Instruction Quarterly, 7*(2), 1-24.]

溫明麗（2002）。**皮亞傑與批判性思考教學**。臺北市：洪葉文化。

[Wen, M. L. (2002). *Piaget's genetic epistemology & critical thinking instruction.* Taipei, Taiwan: Hungyeh.]

楊智穎（2016）。從懸缺課程的觀點探討師資培育課程的革新。**課程研究，11**（2），1-17。

[Yang, J. Y. (2016). The study of teacher education curriculum reform from the perspective of null curriculum. *Journal of Curriculum Studies, 11*(2), 1-17.]

黃嘉雄（2000）。**轉化社會結構的課程理論**。臺北市：師大書苑。

[Huang, C. H. (2000). *A theoretical framing of curriculum for the transformation of social structure.* Taipei, Taiwan: ShtaBook.]

簡梅瑩（2010）。反思教學應用於培養大學生批判思考與多元文化學習之探討。**師資培育與教師專業發展期刊，3**（1），21- 40。

[Chien, M. Y. (2010). The exploration of using reflective teaching for cultivating university students' critical thinking and multicultural learning. *Journal of Teacher Education and Professional Development, 3*(1), 21-40.]

Albhnsawy, A. A., & Aliweh, A. M. (2016). Enhancing student teachers' teaching skills through a blended learning approach. *International Journal of Higher Education, 5*(3), 131-136.

Allen, I. E., & Seaman, J. (2010). *Learning on demand: Online education in the United States, 2009.* Needham, MA: Sloan-C.

Barron, C. N. (2020). Developing an assessment program to measure critical thinking: A Case study at a small, online college. In Information Resource Management Association (Eds.). *Learning and performance assessment: Concepts, methodologies, tools, and applications* (pp. 268-290). Hershey, Pa: Information Science Reference.

Beyer, B. K. (1995). *Critical thinking*. Bloomington, IN: Phi Delta Kappa Educational Foundation.

Brookfield, S. D. (2012). *Teaching for critical thinking: Tools and techniques to help students question their assumptions*. San Francisco, CA: Jossey Bass.

Burkhalter, N. (2016). *Critical thinking now: Practical teaching methods for classrooms around the world*. Lanham, MD: Rowman & Littlefield.

Butera, F., & Darnon, C. (2010). Socio-cognitive conflict and learning: Past and present. In K. Gomez, L. Lyons, & J. Radinsky, (Eds.). *Learning in the disciplines: Proceedings of the 9th international conference of the learning sciences volume 2* (pp. 212-213). Chicago, IL: International Society of the Learning Sciences.

Charbonneau-Gowdy, P. (2018). Beyond Stalemate: Seeking Solutions to Challenges in Online and Blended Learning Programs. *Electronic Journal of e-Learning, 16*(1), 56-66.

Ekici, F., Kara, I., & Ekici, E. (2012). The primary student teachers' views about a blended learning application in a basic physics course. *Turkish Online Journal of Distance Education, 13*(2), 291-310.

Ennis, R. H. (1987). A taxonomy of critical thinking dispositions and abilities. In J. B. Baron & R. J. Sternberg (Eds.), *Teaching thinking skills: Theory and practice* (pp. 9-26). New York, NY: Freeman.

Ennis, R. H. (1993). Critical thinking assessment. *Theory into Practice, 32*(3), 179-186.

Graham, C. R. (2013). Emerging practice and research in blended learning. In M. G. Moore (Ed.), *Handbook of distance education* (3rd ed., pp. 333-350). New York, NY: Routledge.

Hew, K. F., & Cheung, W. S. (2014). *Using blended learning: Evidence-based practices*. Singapore: Springer.

Ismail, N. S., Harun, J., Zakaria, M. A. Z. M., & Salleh, S. M. (2018). The effect of Mobile problem-based learning application DicScience PBL on students' critical thinking. *Thinking Skills and Creativity, 28*, 177-195.

Korkmaz, O., & Karakus, U. (2009). The impact of blended learning model on student attitudes towards geography course and their critical thinking dispositions and levels. *Turkish Online Journal of Educational Technology - TOJET, 8*(4), 51-63.

Kumar, R., & Refaei, B. (2017). Problem-based learning pedagogy fosters students' critical thinking about writing. *Interdisciplinary Journal of Problem-Based Learning, 11*(2), 1-10.

Kurt, S. Ç., & Yildirim, I. (2018). The students' perceptions on blended learning: A Q method analysis. *Educational Sciences: Theory & Practice, 18*(2), 427-446.

Mayfield, M. (1997). *Thinking for yourself: Developing critical thinking skills through reading and writing (4th ed.)*. Belmont, CA: Wadsworth Publishing.

McCray, G. E. (2000). The hybrid course: Merging on-line instruction and the traditional classroom. *Information Technology and Management, 1*(4), 307-327.

Michaels, S., O'Connor, M. C., Hall, M. W., & Resnick, L. B. (2010). *Accountable talk sourcebook: For classroom conservation that works*. Pittsburgh, PA: University of Pittsburgh Institute for Learning.

Mogonea, F., & Popescu, A. M. (2015). The role of sociocognitive conflict in academic-type learning. *Procedia-Social and Behavioral Sciences, 180*, 865-870.

Oulton, C., Dillon, J., & Grace, M. M. (2004). Reconceptualizing the teaching of controversial issues. *International Journal of Science and Education, 26*(4), 411-423.

Paul, R. W. (1995). *Critical thinking: How to prepare students for a rapidly changing world*. Santa Rosa, CA: Foundation for Critical Thinking.

Posner, G. J., Strike, K. A., Hewson, P. W., & Gertzog, W. A. (1982). Accommodation of a scientific conception: Toward a theory of conceptual change. *Science Education, 66*(2), 211-227.

Renfro, W. L. (1993). *Issues management in strategic planning*. Westport, CT: Quorum Books.

Sadler, T. D. (2004). Informal reasoning regarding socioscientific issues: A critical review of research. *Journal of Research in Science Teaching, 41*(5), 513-536.

Shively, K., Stith, K. M., & Rubenstein, L. D. (2018). Measuring what matters: Assessing creativity, critical thinking, and the design process. *Gifted Child Today, 41*(3), 149-158.

Snodgrass, S. J. (2011). Wiki activities in blended learning for health professional students: Enhancing critical thinking and clinical reasoning skills. *Australasian Journal of Educational Technology, 27*(4), 563-580.

Stevens, D. D., & Levi, A. J. (2005). *Introduction to rubrics: An assessment tool to save grading time, convey effective feedback, and promote student learning*. Sterling, VA: Stylus Publishing.

Strambi, A., & Bouvet, E. (2003). Flexibility and interaction at a distance: A mixed- mode environment for language learning. *Language Learning and Technology, 7*(3), 81- 102.

Yang, Y. T. Carolyn, Gamble, J. H., Hung, Y. W., & Lin, T. Y. (2014). An online adaptive learning environment for critical-thinking-infused English literacy instruction. *British Journal of Educational Technology, 45*(4), 723-747.

Zhou, Z. (2018). An empirical study on the influence of PBL teaching model on college students' critical thinking ability. *English Language Teaching, 11*(4), 15-20.

附　錄

批判思考能力測驗

一、奶奶到菜市場回來後跟大家說：「聽豬肉攤老闆說不可以從國外帶肉製品入境，否則罰 100 萬元；也不要從國外購買寄回臺灣」，爺爺回應說：「電視就說非洲流行豬瘟，不可以從非洲網購豬肉寄回臺灣，違者可處 7 年徒刑……」，家人回覆下列觀點，你的想法跟下列哪一個家人的回應最接近？

(A)叔叔：豬瘟是一種高傳染性的病毒，一旦豬瘟病毒入侵將重創臺灣養豬產業，不可忽視。

（註：4 分高階，評估，產出另類論述）

(B)阿姨：來源不明的肉製品對人體健康有影響，這也是許多國家都禁止攜入肉製品的原因。

（註：3 分熟練，分析與推論）

(C)表姊：根據政府的作法，海關就會查驗，很多東西不可以帶進來。

（註：2 分發展，引用，但未分析）

(D)大伯：罰金這麼高，判 7 年，那就是出國千萬不要買肉製品回來就是了。

（註：1 分基礎，理解，但沒有引用）

二、楊同學看到長輩們在通訊軟體 Line 群組中發送一則訊息：「蒲公英的根可以強化免疫力，治療肺癌的效果比化學藥物好」，4 位親戚回覆想法，你的想法跟下列哪一個人的想法最接近？

(A)奶奶：原來蒲公英的根竟然有治療肺癌的效果。

（註：1 分基礎，理解，但沒有引用）

(B)叔叔：我看過一篇文章，治療癌症是使用特殊藥物抑制癌細胞生長，蒲公英真的有效嗎？

（註：2 分發展，引用，但未分析）

(C)阿姨：蒲公英的根能夠增加免疫力，但免疫力不等於肺癌治療

效果。

（註：3 分熟練，分析與推論）

(D)表妹：這得要經過實驗證明，有關於藥物使用的報導還是要有嚴謹的實驗數據比較好。

（註：4 分高階，評估，產出另類論述）

三、江同學的臉書上轉貼一則新聞：「一個家長在聯絡簿上指責教師管教不當的新聞事件」，並且先貼出一個憤怒的符號，再貼文指出現代的家長都是恐龍的字句。文章下面有 4 位同學留言回覆，你的想法跟下列哪一個選項最接近？

(A)李同學：對啊！現代家長大多數會質疑老師的管教態度。

（註：1 分基礎，理解，但沒有引用）

(B)王同學：什麼是管教不當？新聞並沒有把事件過程寫出來，有時是管教理念不同而已。

（註：3 分熟練，分析與推論）

(C)鄭同學：我常聽有些老師說，家長往往聽孩子一面之詞，就去怪老師。

（註：2 分發展，引用，但未分析）

(D)陳同學：不管新聞報導的真實性，老師和家長的溝通對孩子的教育本來就很重要。

（註：4 分高階，評估，產出另類論述）

四、新聞報導某高中學生會發起「男裙週」的活動，議員質疑此行為的正當性，認為校方應顧慮家長的觀點與心情，否則很多家長會不希望孩子就讀該校。看完報導後，你的想法跟下列哪一個人的想法最接近？

(A)甲：我認為「男裙週」的真正用意是在尊重不同性別氣質，這是教育的一部分。

（註：4 分高階，評估，產出另類論述）

(B)乙：這新聞應該是家長認為學校「男裙週」活動不妥，找議員

去質詢教育當局。

（註：1分基礎，理解，但沒有引用）

(C) 丙：從議員的角度來看，社會傳統心態還是男女有別，所以才會發生這種事。

（註：3分熟練，分析與推論）

(D) 丁：蘇格蘭也有男裙，中國古代也會著長袍，不知這個活動有什麼不對？

（註：2分發展，引用，但未分析）

五、時序雖已入秋，但目前仍屬於颱風生成旺季，一有熱帶低壓系統發展，菜價上漲的相關資訊與新聞便如雨後春筍般冒出。對於此現象，你的想法跟下列哪一個人的想法最接近？

(A) 甲：菜價因颱風來生產少而上漲，雖然合理，但也要去看看是不是過度哄抬價格

（註：4分高階，評估，產出另類論述）

(B) 乙：菜價上漲是基於供需的市場機制，只是新聞故意搶先報導，颱風沒來，菜價就漲。

（註：3分熟練，分析與推論）

(C) 丙：對啊～颱風來，菜價一定會上漲。

（註：1分基礎，理解，但沒有引用）

(D) 丁：這涉及到一種集體意識，新聞報導多了，菜價就搶先暴漲了。

（註：2分發展，引用，但未分析）

六、戲劇《你的孩子不是你的孩子》中探討教育制度不僅擠壓了孩子，也讓家長感到焦慮，導致親子關係變形，親子需要真誠對話，而不是對立。你的想法跟下列哪一個人的想法最接近？

(A) 吳太太：親子關係變形原因很多，多數原因涉及父母過度要求孩子表現如同自己的期待。

（註：3分熟練，分析與推論）

(B)林太太：這多是臺灣家長望子成龍望女成鳳的心態，父母總是
希望孩子好。

（註：2分發展，引用，但未分析）

(C)陳先生：親子都被既有的教育想像和自己的角色束縛，互相同
理才是解決之道。

（註：4分高階，評估，產出另類論述）

(D)蔡先生：親子關係中出現衝突與對立，往往都有關於教育制度
或學習成績上的因素。

（註：1分基礎，理解，但沒有引用）

七、某議員在學校校慶上對學生發言：「我一直認為在臺灣，孩子7點
多就要到校早自習的安排，實在是很沒有意義。幾乎是花全世界最
長的時間在學校，但學習成果也沒有比較好，根本是浪費孩子的生
命，犧牲健康跟身高得到了什麼？」。你的想法跟下列哪位家長的
回應最接近？

(A)高先生：議題提到早自習一點意義都沒有，可以考慮廢除，值
得思考。

（註：1分基礎，理解，但沒有引用）

(B)陳先生：應該可以從學生的生理、學習和家庭因素去重新思考
早自習的彈性作法。

（註：4分高階，評估，產出另類論述）

(C)吳太太：如果仔細去看數據資料，學習成果、健康和身高，和
早自習不一定有關係。

（註：2分發展，引用，但未分析）

(D)李太太：這議員提到的學生可能是早自習也在睡覺，所以才說
沒意義。

（註：3分熟練，分析與推論）

八、某高職流出學生鬥毆影片，片中一位男同學向另一人揮拳、砸椅
子，其他學生則在一旁冷眼相待。陳先生在臉書分享該影片，並撰

文：「高職生的素質果然比較差勁」。你的想法跟下列哪一個人的想法最接近？

(A)小美：一些學生比較不想念書的高職，學生打架，習以爲常啦！

（註：1分基礎，理解，但沒有引用）

(B)小王：以前新聞就報導過類似的事，或許那些打架的男生是爲了某個女生爭風吃醋。

（註：2分發展，引用，但未分析）

(C)小珊：學生打架跟高職素質沒有一定的關係，高中職應多加強學生情緒管理的輔導。

（註：4分高階，評估，產出另類論述）

(D)小民：一人揮拳，其他學生冷眼相待，這看起來應該是長期霸凌事件。

（註：3分熟練，分析與推論）

九、書中記載，早期原住民認爲成年後還不文面，部落內將會有人病死，被視爲不吉利。在這樣的傳統下，文面不僅是個人私事，更是關乎整個部落的公眾大事，如果不文面就等於違逆了整個部落，甚至會被驅逐。你的想法跟下列哪一個人的想法最接近？

(A)甲：文面文化和有人病死不一定有關，有時候傳統要改變需要很多人的意識。

（註：3分熟練，分析與推論）

(B)乙：每個時期的審美觀或價值觀都有差異，文面文化要考慮到歷史性以及現代性。

（註：4分高階，評估，產出另類論述）

(C)丙：每一種文化都有其蘊涵，他們延續文化傳統一定有他們的想法。

（註：2分發展，引用，但未分析）

(D)丁：原住民文面，是他們文化的一部分，也攸關於部落的大事。

（註：1分基礎，理解，但沒有引用）

十、戲劇《我們與惡的距離》成為金鐘獎的大贏家，當中探討死刑相關
　　議題，也挑戰社會對於主流價值「好」與「壞」的定義，掀起一陣
　　熱議風潮。看完整部戲劇後，四個人提出觀後心得，你的想法跟下
　　列哪一個人的想法最接近？

　　(A)小美：從戲劇中演員的臺詞來看，真的引起大家去討論什麼是
　　　　　好是壞。

　　　　（註：2分發展，引用，但未分析）

　　(B)安安：法律和人性的界線本來就是模糊的，好與壞的判斷要考
　　　　　慮到許多因素。

　　　　（註：3分熟練，分析與推論）

　　(C)阿舍：每個事件不一定相同，應該從犯罪者和受害者的心理層
　　　　　面探討每個事件的細節。

　　　　（註：4分高階，評估，產出另類論述）

　　(D)阿文：真的，「好」與「壞」的差別取決於大家怎麼想。

　　　　（註：1分基礎，理解，但沒有引用）

國家圖書館出版品預行編目資料

教學實踐研究的寫作與知能／劉世雄著. ——
初版.——臺北市：五南圖書出版股份有限
公司, 2022.10
　　面；　公分
　ISBN 978-626-343-286-4（平裝）

1.CST: 教學研究　2.CST: 論文寫作法
3.CST: 文集

521.407　　　　　　　111013565

1I5V

教學實踐研究的寫作與知能

作　　　者 — 劉世雄

發 行 人 — 楊榮川

總 經 理 — 楊士清

總 編 輯 — 楊秀麗

副總編輯 — 黃文瓊

責任編輯 — 陳俐君、李敏華

封面設計 — 王麗娟

出 版 者 — 五南圖書出版股份有限公司

地　　　址：106臺北市大安區和平東路二段339號4樓

電　　　話：(02)2705-5066　　傳　真：(02)2706-6100

網　　　址：https://www.wunan.com.tw

電子郵件：wunan@wunan.com.tw

劃撥帳號：01068953

戶　　　名：五南圖書出版股份有限公司

法律顧問　林勝安律師事務所　林勝安律師

出版日期　2022年10月初版一刷

定　　　價　新臺幣400元

經典永恆・名著常在

五十週年的獻禮——經典名著文庫

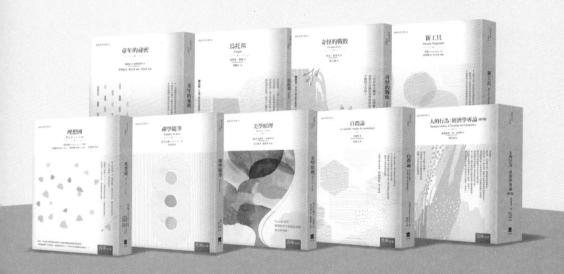

五南，五十年了，半個世紀，人生旅程的一大半，走過來了。
思索著，邁向百年的未來歷程，能為知識界、文化學術界作些什麼？
在速食文化的生態下，有什麼值得讓人雋永品味的？

歷代經典・當今名著，經過時間的洗禮，千錘百鍊，流傳至今，光芒耀人；
不僅使我們能領悟前人的智慧，同時也增深加廣我們思考的深度與視野。
我們決心投入巨資，有計畫的系統梳選，成立「經典名著文庫」，
希望收入古今中外思想性的、充滿睿智與獨見的經典、名著。
這是一項理想性的、永續性的巨大出版工程。
不在意讀者的眾寡，只考慮它的學術價值，力求完整展現先哲思想的軌跡；
為知識界開啟一片智慧之窗，營造一座百花綻放的世界文明公園，
任君遨遊、取菁吸蜜、嘉惠學子！